FRANCESCA MANZINI

STAY MANZA

Sperling & Kupfer

Pubblicato per

Sperling & Kupfer

da Mondadori Libri S.p.A.

STAY MANZA

ISBN 978-88-200-7329-9

I Edizione maggio 2022

Anno 2022-2023-2024 - Edizione 1 2 3 4 5 6 7 8 9 10

A chi come me ha lottato
contro le aspettative degli altri,
contro il bisogno di essere accettati,
contro il peso del passato e del futuro,
per imparare a vivere
con consapevolezza nel presente.

Indice

Cominciamo da me

Io sono quella che arriva sempre in ritardo, anche agli appuntamenti con se stessa. Sono quella che capisce dopo, appena prima che sia troppo tardi. E più la verità è lì davanti a me, più faccio fatica a vederla.

Così, il momento in cui ho compreso di avere un problema è stato quando ho deciso che dovevo risolverlo. Con una notevole prova di equilibrismo intellettuale avevo stabilito che era il momento di recuperare me stessa, prendermi cura della mia vita, trovare un equilibrio e ricollocarmi nell'area del benessere. E tutto questo lo stavo facendo senza mettere a fuoco il fatto che ci fosse effettivamente un problema da affrontare.

Quindi, cominciamo questa storia dal giorno in cui decido che voglio fare qualcosa per me stessa.

Tipo: «Da oggi vivrò bene».

Basta scuse, basta vizi, fine delle sregolatezze.

Mi ero lasciata alle spalle il Rino Tumo, che è l'affettuoso appellativo dato a un nodulino sospetto, perché ci sono malattie che si cerca di esorcizzare con vezzeggiativi in «ino», neanche fossero amici – ma ne parliamo dopo, non ora –, e mi sentivo pronta a ricominciare.

È stato Marco, il mio compagno, a dare voce a quella sensazione. Una notte, davanti al frigorifero della cucina: io, lui e la teglia di pasta al forno che stringevo tra le mani, ragù di manzo cotto lentamente nel pomodoro, besciamella e sfoglia ruvida.

Io lo guardo, lui mi guarda, io guardo la pasta al forno.

La pasta al forno ci guarda.

«Ma perché non inizi a mangiare bene, invece di svuotare il frigo a mezzanotte?» mi fa Marco. Ma senza tono saccente, senza criticare, senza l'atteggiamento di chi distribuisce al mondo giudizi non richiesti, senza disprezzo, senza alcun: «Dovresti invece fare...» La sua era proprio solo una domanda, una curiosità.

Ma perché non inizi a mangiare bene, che staresti meglio?

E guarda un po', io volevo proprio quello: sentirmi meglio.

Quindi che faccio, prenoto una visita dalla nutrizionista.

Studio in centro, poltrone in pelle nera di quel modello che ti siedi e affondi, capaci di farti inconsciamente sentire pesante solo per la loro arrendevolezza. Dottoressa meravigliosamente in forma, cinquantacinque chili (a occhio) spalmati tra fianchi e seno, muscoli tonici, capelli freschi di parrucchiere. Il genere di donna che gioca la carta aspirazionale: chi non vorrebbe essere come lei?

Sorride, si presenta. Raccontami la tua storia, dice lei. Io mi metto comoda e le racconto tutto, dall'inizio.

Di quando avevo smesso di mangiare, dell'anoressia e della paura della morte che mi aveva permesso di superarla, e poi della bulimia e di tutto quanto accaduto dopo, fino alla notte della pasta al forno, con Marco. A piedi nudi sulle piastrelle gelate della cucina.

La dottoressa mi fissa, con l'aria di una che sta metabolizzando un bel po' di informazioni. Ripensando a tutto quello che le avevo appena detto mi sono sentita di tranquillizzarla: «Ma ora sto benissimo, è tutto superato», ho concluso sorridendo. Tipo: non si preoccupi per me, dottoressa, che il peggio ce lo siamo lasciati alle spalle.

Tutto passato.

Lei mi ha guardata. «Che palle.»

E io, sollevando le mani: «Eh, sì, una vita come tante, la mia...» Cioè, anch'io avrei detto che la mia vita a tratti può sembrare noiosa, ci mancherebbe. Ma lei ha scosso la testa.

«No, intendevo 'che palle' nel senso di quanto coraggio hai dimostrato di avere.»

Ho sorriso, annuendo. «Be', ora va tutto alla grande, comunque.»

Lei ha continuato a osservarmi. «Ma che alla grande, tu soffri di *binge eating disorder*.»

Così, dritto in faccia. Senza girarci intorno, ma proprio per nulla.

Che cosa? ho pensato. E poi il vuoto.

In un primo momento non ho provato nulla. Avevo appena chiarito che stavo bene e i disordini alimentari erano storia vecchia, invece lei se n'è venuta fuori con questa nuova definizione. *Binge eating disorder*: mai sentito. Almeno quando il medico aveva detto «anoressia», molti anni prima, avevo capito di cosa mi stava parlando. Ma come si fa a scoprire di soffrire di un disturbo di cui non hai mai sentito parlare?

Mentre la dottoressa mi spiegava di cosa si trattava, è subentrata una nuova sensazione. Era sollievo. Sollievo di avere dato un nome a qualcosa che percepivo inconsciamente, senza esserne pienamente consapevole. Perciò il problema non ero io, ma quel *binge eating disorder*.

«Ora cambi stile di vita», ha annunciato la dottoressa.

«Dieta?» ho chiesto, sentendo di aver ripreso una vecchia strada già nota.

«Non esiste dieta, c'è solo un mangiare bene.»

«Ah.»

Benché non fossi un'esperta, mi suonava come un buon progetto. Chi non vorrebbe imparare a far le cose nel modo giusto?

Quindi la dottoressa mi ha insegnato questo: ad accettare e apprezzare una disciplina giusta, messa al mio servizio, pensata per il mio benessere. Muovendo i primi passi in quel nuovo regime alimentare ho capito quanto cominciavo a essere infastidita dal caos che regnava nella mia vita. Ho percepito una vocazione a mettere ordine. Iniziare dall'alimentazione mi andava benissimo.

Così, a trent'anni circa, mi hanno insegnato a mangiare. Come dicevo, ho la tendenza ad arrivare tardi a capire le cose importanti.

Ho scoperto che sbagliavo su molti fronti. Ero impulsiva e incline agli estremi. Ero l'eccesso, sempre. In mancanza di una guida che mi insegnasse come fare, nella vita ho finito con l'accontentarmi di esempi più o meno corretti, che tentavo poi di aggiustare con risultati non sempre soddisfacenti.

Mangiavo di notte, in maniera compulsiva. Abbinavo le tipologie di alimenti credendo che, se anche avessi mangiato troppo, mi avrebbero fatto meno male. C'erano giorni in cui mi abbuffavo e altri in cui digiunavo perché mi sentivo gonfia e dovevo mettermi in pari, come se l'alimentazione fosse un semplice conteggio di calorie, un elenco di più e meno con una cifra finale da raggiungere: amatriciana oggi, verdure bollite domani.

Almeno su un argomento, però, potevo essere soddisfatta di me. Dopo anni ci ero arrivata: ero in pace con il mio corpo. Non mi tormentavo per infilarmi in un paio di pantaloni, per dire. Mi vedevo anche bene, con le mie curve e la mia morbidezza. Mi piacevo, eppure la mia alimentazione era un continuo giro sull'ottovolante.

Sbagliavo, in molti modi diversi, senza arrivare neppure a immaginarlo, ed è stata necessaria quella semplice frase di Marco per accendermi il sospetto che ci fosse un modo migliore di fare le cose. Una frase che già mi era stata detta, tante volte e con intenti diversissimi tra loro. Ma io non ne capivo il senso, perché ero troppo concentrata a sentire il messaggio che si nascondeva dietro.

Perché «Dovresti mangiare meglio» è anche un modo indiretto per dire: «Sei sbagliata», «Vorrei cambiarti», «Solo io so cosa è giusto per te». Io ascoltavo quello e ignoravo il consiglio in sé, a volte dato anche con i migliori intenti, ci mancherebbe. Evidentemente certi messaggi devono arrivare dalla persona giusta. E io provo ancora tanta gratitudine per Marco, che ha saputo farsi ascoltare. Non è cosa da poco.

Dallo studio della nutrizionista sono uscita con un foglio. Lì sopra c'erano le istruzioni per mangiare bene, tipo *Alimentazione per Dummies*. Un foglio illustrativo. Un regime alimentare pensato per me, su misura.

Ho iniziato con due settimane proteiche e poi poco alla volta ho inserito ogni altro alimento. Avevo ancora alcuni dubbi, di varia natura. Per fortuna la dottoressa era sempre disponibile ad aiutarmi.

«Senti, e se mi mangiassi dopo cena un panino integrale con la Nutella, ma il pane lo prendo di semi misti da un panettiere della zona che fa solo prodotti senza strutto con farine biologiche?»

«Pane integrale?»

«Esatto, senza strutto.»

«No, non puoi.»

Questo era il genere di conversazione, per farvi capire il livello di confusione delle mie idee in quel periodo.

Così è iniziato un percorso. La strada è lunga ma non è faticosa, perché mi permette di conoscermi meglio. E poi, lo sto facendo per me stessa.

Adesso so che la mia storia è soprattutto la storia di un corpo, del modo che ha trovato per esprimere disagio e sofferenza. Io sono anche le diete che ho fatto, i chili che ho preso e perso e poi ripreso. Sono quello che gli uomini mi hanno detto, le verità e le bugie a cui ho creduto. Sono anche quel panino con la Nutella, integrale, biologico e senza strutto mangiato prima di dormire. L'ho accettato e da qui voglio ripartire.

A me piaceva mangiare

A ME piaceva mangiare.

E quindi ero robusta: semplicemente questo, nulla di più. Non avevo complessi, nel mio corpo stavo bene, mai stata il tipo che: «Per me solo un'insalata, per piacere, che tra otto mesi devo mettermi in costume da bagno». Forse sarei stata semplicemente una ragazza formosa, con qualche chilo in più della media, con le ginocchia da cui non spuntano le ossa e il seno generoso. Avrei continuato a indossare i miei soliti jeans e le magliette larghe, sentendomi trasparente in quel modo particolare che capita alle adolescenti un po' sovrappeso, che sembra che non ti noti nessuno finché qualche compagno di classe con un discutibile senso dell'umorismo fa una battuta dimostrando che invece ti aveva notata eccome.

«Ehi, cellulite!»

Dove «cellulite» ero io.

Forse sarei stata quella persona lì, non fosse stato per mio padre. Anche ai suoi occhi sembravo trasparente, anche nel suo caso era solo un'impressione. Mi vedeva, eccome, è che poi se ne stava zitto, perso nei suoi problemi e nel lavoro, in quel suo essere un uomo forte in giacca e cravatta, che si fa carico di tutto. Lui era il manager, quello che porta il mondo sulle spalle e gli mancano solo il mantello e la mascherina per dichiararsi supereroe, salvatore in ogni situazione. Poi però con il tempo sono diventata così grossa che ignorarmi era difficile. Se hai una figlia quindicenne che pesa settantadue chili, ci fai caso.

E una sera mi ha notata per davvero.

Stava finendo di cenare, in cucina, seduto al suo solito posto.

«Mamma mia, *me pari* una botte», ha detto appoggiando la forchetta al tavolo e ripulendosi la bocca col fazzoletto.

Io ero in piedi davanti al frigorifero, a pochi passi da lui. Ho abbassato lo sguardo su di me, leggermente confusa. Ha detto «una botte»? ho pensato.

«Appoggia le braccia sui fianchi», mi ha fatto, e io ho eseguito perché, diamine, era mio padre. «Così pari un'anfora», ha aggiunto.

Lo diceva con ironia, ridendo, come fosse una battuta. Mio padre ha sempre avuto un incredibile senso dell'umorismo, è un uomo brillante, intelligente, acuto.

Ho riso anch'io, perché in effetti c'era della comicità, e intanto mia madre ci guardava allibita: «Ma cosa dici alla bambina?»

E poi, in un estremo tentativo di difendermi: «È giusto che mangi, deve crescere...»

Mamma ha sempre avuto un cuore d'oro, però aveva ragione lui. Un tripudio di morbidezza, con delle forme che una quindicenne solitamente si sogna. Ero grossa, una Venere di Milo, sarei piaciuta a Botero. Venivo un po' meno apprezzata a scuola, dove appunto collezionavo commenti coloriti e pittoreschi, tra cui «cesso» e «cellulitica» sembravano essere i più gettonati.

Va detto che non era nulla di personale, ce l'avevano solo con i miei chili. Un corpo grasso è un corpo grasso, non più la persona che ci sta dentro.

Infatti, quando quei chili li ho persi e sono rientrata in una di quelle taglie che indossano solo i manichini in vetrina – quando ancora nessun medico aveva firmato diagnosi e ai miei occhi ingenui ero solo magra e non anoressica –, quegli stessi ragazzi mi cercavano per rivolgermi parole di tutt'altro genere. Vedevano una taglia 38, gambe dritte e ginocchia appuntite, nessuna anfora quando tenevo le braccia sui fianchi, che quasi non c'erano più, o distese lungo le gambe secche. E allora ecco arrivare gli inviti.

Io ero sempre io, ma loro vedevano solo il mio sedere e la mia pancia piatta.

«Usciamo?» mi chiedevano.

Come se io fossi un'altra e non sapessi quanto mi avevano preso in giro fino a qualche mese prima.

«Scusa, tesoro, dovevi pensarci prima, se ti piaceva la cellulitica», rispondevo gelida, vendicando la me stessa anfora di qualche decina di chili prima.

Ma questo sarebbe accaduto dopo.

Intanto adesso ero sulla bilancia, quella dove mi aveva messo mio padre interrompendo la cena, per verificare se quella sua impressione – «Mamma mia, *me pari* una botte» – fosse giusta. Io stavo lì, a piedi nudi, tirando indietro la pancia neanche potesse servire a qualcosa, che è risaputo che trattenere il fiato non alleggerisce affatto. Mia mamma appoggiata alla porta del bagno, incapace di mettere un limite a quella situazione che chiaramente stava prendendo una deriva strana, e papà chino in avanti per leggere i piccoli numeri comparsi sul display.

«A me non pare normale che una ragazzina pesi settantadue chili», ha detto papà, dopo essersi schiarito la voce.

Non era esperto di adolescenti femmine, eppure qualcosa non gli tornava. Così, dopo avermi pesata, decise che sarebbe stato meglio se fossi dimagrita un po'.

Quindi fu lui a portarmi dal mio primo dietologo, un medico famoso, rinomato, che gli era stato tanto raccomandato. Perché funziona spesso così: c'è un amico che conosce qualcuno che: «Accipicchia, non l'ho riconosciuta, tanto si è rimessa in forma», e allora te lo consiglia, quel dottore che fa miracoli. E non importa se le persone protagoniste di questo giro di sentitissime segnalazioni fanno il ristoratore, il produttore cinematografico, il commercialista: ci si fida, si va dal medico che fa miracoli. Io ci sono andata.

Avevo quindici anni, non sapevo nulla di diete, mi piacevano la pasta e la cioccolata, e non mi preoccupavo troppo degli insulti dei ragazzi, convinta che fosse normale, una delle cose che esistono al mondo, come l'agnello a Pasqua e le patate al forno.

Il primo dietologo non si scorda mai

Il mio primo dietologo risale a molti anni prima della dottoressa del «mangiare bene», quindi. Altro studio, sempre Roma centro. Io adolescente, mamma con espressione imperscrutabile e mio padre leggermente a disagio nella situazione, seduti davanti all'enorme scrivania in mogano, in attesa di risposte.

«Mangi molto pane?» mi ha fatto il dottore.

«Sì.»

«Mangi pasta?»

«Sì.»

«E chi non mangia pasta?» volevo chiedere a mia volta.

«Mangi molta cioccolata?»

«Sì.»

Per lui era tutto semplice, lineare. Domande facili, a cui rispondere con un sì o un no (ma prevalentemente erano sì: sì, mi piacciono le patatine; sì, mangio i biscotti dopo cena. Sì! Sì!).

Mi ha ascoltata con l'aria di uno che sa già tutto e al quale non potrai raccontare nulla di nuovo, poi guardando mio padre ha sentenziato: «Devi fare la dieta, altrimenti rischi il diabete».

«*Anvedi*», ha detto papà.

Era la conferma: allora aveva ragione lui, io non ero normale. Il mio corpo aveva qualcosa di sbagliato, un problema da risolvere. Ero un'anfora, vero, ma si trattava di una questione ben più grave, perché ne andava della mia salute. In quella continua e sfinente battaglia che giocava con mia madre sul filo dell'«io ho ragione e tu torto», mio padre aveva messo a segno un punto importante. La bambina non deve mangiare, affatto. Ha mangiato anche troppo, tanto da rischiare la malattia.

Mentre mamma e papà si scambiavano uno sguardo carico di infiniti sottotesti noti solo a loro, io me ne stavo zitta. Non sapevo nulla della vita, forse, eppure non ero del tutto convinta della diagnosi appena ricevuta.

Del diabete sapevo poco. Quella parola mi faceva venire in mente iniezioni, siringhe e divieto assoluto di zuccheri. Più in generale avrei detto: privazioni, eterna dipendenza dalle medicine, verdure bollite, cerchiamo di evitarlo. Non posso esserne certa, ma credo che per i miei genitori fosse lo stesso. Da quel che so, nessuno dei due è mai stato esperto di malattie croniche. Eppure, tra tutti sono stata io a ragionare.

«Ma le analisi del sangue non servono?» ho domandato al dottore.

Cioè, davvero si può diagnosticare un pericolo di diabete così, chiedendomi se mi piace mangiare la cioccolata?

«No, non è necessario approfondire», ha risposto il dottore con accondiscendenza, fissando la mia pancia. Neanche lì ci fosse scritto il mio destino medico.

Grazie al cazzo, ho pensato. E poi più nulla, perché a quindici anni riuscivo a sfoderare una forza che se ci penso adesso ancora non me la spiego del tutto. Forse, dopo che tuo padre ti ha detto che sembri un'anfora, non ti abbatte certo un dietologo con i suoi questionari a risposta multipla.

E quindi grazie al cazzo. Però, se serve, d'accordo. Facciamo la dieta.

È spuntato un foglio prestampato, su cui il dottore ha cominciato ad aggiungere dati e osservazioni, a fare modifiche, prendere appunti. E intanto spiegava, mentre continuava a ricamare lettere svolazzanti con la sua grafia rotondeggiante. La stilografica correva sul foglio, sempre più riccamente personalizzato sulle mie esigenze alimentari.

Ed eccola lì, la mia prima dieta: centocinquanta grammi di carne e duecento di verdure, e poi novanta grammi di pasta e ancora verdure, e cento grammi di pollo che equivalgono a duecento di pesce, e per il formaggio la porzione non deve superare gli ottanta grammi, ma vanno bene anche due uova, a giorni alterni, senza però eccedere la porzione settimanale.

Sì a zucchine, rucola e puntarelle. No a banane, patate e legumi.

Si proceda così e ci rivediamo tra una settimana. Centoventi euro, grazie.

«Con questa dieta non tornerai più come prima», ha promesso il dietologo, in piedi sulla soglia dello studio, al momento di salutarci. Una frase che suonava quasi profetica, al tempo. Con il senno di poi, potrei definirla minacciosa.

Lui e mio padre si sono salutati con una virile stretta di mano. Si stavano prendendo cura di me, avrebbero risolto il mio problema e io avrei smesso di assomigliare a un'anfora, finalmente.

Una fettina di pollo e via

Così ho cominciato la mia prima dieta, che nei fatti significava avere fame. Mamma appoggiava nella padella calda la fettina di pollo e scuoteva la testa sconsolata.

«Così poco devi mangiare», diceva.

E poi le verdure bollite, condite con un cucchiaio di olio ma senza sale, per l'amor del cielo. E anche quelle andavano ben dosate: duecento grammi e basta. Vai a sapere se mezza zucchina in più ti fa mettere su un etto.

Dell'inizio ricordo la fame, i crampi allo stomaco, la fatica a addormentarmi e poi la fatica ad aprire gli occhi la mattina, in un'interessante simmetria di privazioni. Poi ho smesso di sentirla, la fame. Anche se certamente stava ancora lì.

Sono prevalsi altri malesseri. Il male alla testa, un'emicrania costante che pareva mi dovesse esplodere il cervello, come se la dieta mi stesse svuotando anche la materia grigia, oltre alle cosce. Il dolore ai muscoli, in tutto il corpo, anche in parti che non sapevo neppure di avere. Male alle braccia, alle mani, male nella piega delle ginocchia. Oh, ho resistito. Stoica e rassegnata, ancora in modalità «sticazzi».

Presto ho cominciato a vedere i numeri della bilancia scendere, come un inesorabile conto alla rovescia. Sessantanove e nove – poi otto, poi cinque –, sessantasette.

Centocinquanta grammi di pollo alla griglia e duecento di zucchine, ma senza sale, mi raccomando.

Sessantasei e nove, e otto, e sette, e sei.

Un piattino di pasta, ma al dente, con un cucchiaio di salsa di pomodoro. Zero sale e un cucchiaio d'olio.

«Mamma, per favore, togli quella scatola di biscotti dalla dispensa.»

«Ma li mangia tua sorella.»

«Allora non voglio più entrare in cucina.»

Sessantacinque, e i pantaloni cominciavano a starmi larghi. Li infilavo seduta sul letto, mi alzavo in piedi e loro scivolavano giù, scoprendo le mutande. Per poterli indossare dovevo stringerli in vita con una cintura, ma l'effetto era ridicolo, perché era come se avessi rubato i vestiti di un'altra persona.

È andata avanti così per quattro mesi. Mi nutrivo di quelle minuscole porzioni, sempre pollo, uova, zucchine e puntarelle, e nessuno in casa commentava. Per mio padre ero tornata trasparente, mentre mia madre si lasciava sfuggire qualche frase di sconcerto, ma solo tra sé e sé. Un dottore aveva sentenziato «diabete», e chi era lei per opporsi alla diagnosi? Però non mi sfuggivano le occhiate che lanciava al mio piatto, mentre me lo appoggiava a tavola, sotto il naso.

Settimana dopo settimana, i silenzi di mio padre si sono cristallizzati insieme con le cose non dette da mia madre, la mia fame e i numeri della bilancia.

È diventata la normalità, mi ci sono abituata. E ho dimostrato una disciplina e un rigore straordinari, specialmente se si considera che tutto era partito da papà. Era stato lui a decidere che il mio peso non era normale, lui a prendere l'iniziativa di consultare un dietologo. Era stato lui a dichiarare: anfora.

È dura resistere a un regime alimentare così severo, anche se sei tu a deciderlo e lo fai perché ti senti male nel tuo corpo, non ti accetti, o per una delle infinite ragioni che convincono una persona a dire: «Da oggi sono a dieta». Insomma, il barattolo di cioccolata spalmabile è sempre lì che ti osserva e ti chiama, proprio come il piatto di pasta, e tu stai in mezzo, tra la bilancia e l'amatriciana.

Nel mio caso non c'era la motivazione personale, non ero stata io a decidere. Ma il mio cervello era entrato in modalità «ascolto»: mi avevano detto di perdere peso e io ubbidivo.

A motivarmi erano state soprattutto le parole del medico e la sua minaccia non troppo velata per la mia salute. «Ti ammalerai, ti verrà il diabete.» Che fai davanti a una frase del genere? Esegui.

Io non volevo condannarmi a iniezioni quotidiane di insulina per il resto della vita. Il benessere prima di tutto, ci arrivavo anch'io, a quindici anni.

Avevo paura, quindi addio alla carbonara e al pollo fritto, fine della mia storia d'amore con la cioccolata. Ho seguito pedissequamente le indicazioni del foglio ricamato dal medico e ho perso più di venti chili in pochi mesi.

Venticinque chili, in otto mesi.

L'uomo nell'armadio

È CHE poi la situazione è precipitata.

Io a quel punto non sembravo più un'anfora, assolutamente no. Ero più modello alambicco da chimico, uno di quei vasi millimetrati alti e sottili, di vetro trasparente, che maneggi con attenzione perché temi possano rompersi. Comunque, a parte quattro collassi, emicranie perenni, vertigini, bradicardia e anemia – il mio sangue si era svuotato di globuli rossi e io mi sentivo stanca e spossata –, a parte tutto quello, mi sentivo alla grande.

Intanto non avevo più fame. Quella era proprio scomparsa.

Entravo a scuola nel mio nuovo corpo che *lèvate*. Ora si faceva notare e lo sapevo con certezza: non era invisibile, per nulla. Continuavo ad attirare i commenti dei ragazzi, tra l'altro sempre gli stessi. Niente, non era il mio destino quello di passare inosservata e lasciare i miei compagni indifferenti. «*A bona!*» Che in occasioni particolari, quando magari indossavo un paio di jeans aderenti, diventava un: «*Abbona!*» con un numero di «b» proporzionale all'apprezzamento.

Non avevo molto tempo per i ragazzi, io. Passavo oltre ignorandoli, con lo sguardo altezzoso.

«E che, te credi superiore?»

No, non pensavo di essere migliore di loro. Il mio problema era il mal di testa continuo che mi tormentava. Aprivo gli occhi la mattina nel mio letto e per un secondo mi sentivo bene, poi uscivo dalle coperte ed eccolo lì, ad aspettarmi. Un chiodo nel cervello, sottile e infilato in profondità: questa era la sensazione. Di farmi portare fuori a bere qualcosa non avevo quindi granché voglia. Ma non era solo per l'emicrania: era un generale malessere di vivere legato a quello che intanto stava accadendo in casa mia.

Il matrimonio dei miei genitori è stato da sempre intenso, pieno di amore e di problemi in proporzioni variabili. A volte prevaleva l'uno, a volte gli altri. A modo loro si amavano, ma sarebbe meglio per due persone trovare un terreno comune, un modo almeno vagamente condiviso e reciprocamente comprensibile di dimostrarsi affetto.

Amare «a modo proprio» non è sempre una strategia vincente, se l'altro non ti capisce. Non ci costruirei sopra un matrimonio, per dire.

E insomma, a casa mia la vita è spesso stata abbastanza vivace, per usare un eufemismo. Lo era da anni, anche prima della mia dieta. Ma era una tempesta che montava. E l'apice di quella perturbazione che era il matrimonio dei miei è coinciso con il quarto mese della mia dieta. Lì si è capito che quell'amarsi «a modo proprio» rischiava di trasformarsi in una separazione.

Il punto di non ritorno è stato l'uomo nell'armadio. Questa è stata la definizione del fatto come me l'hanno data mia madre e mia sorella, il pomeriggio che sono venute a prendermi a scuola. Ricordo che il cielo di Roma era sereno, il sole tiepido ma io come sempre avevo freddo e me ne stavo imbacuccata dentro due felpe, una sopra l'altra, un omino Michelin. La campanella è suonata e io ho portato le mie ossa fuori dall'aula, sotto lo sguardo ammirato dei compagni (*«Abbbona!»*).

Appena uscita da scuola le ho viste, sul marciapiede, dove non potevo non vederle. Prima che potessi chiedere cos'era successo, mamma ha detto: «Non hai idea», con un'aria strana.

«Che?» ho domandato, in sintonia con la nuova economia esistenziale che mi caratterizzava (poco cibo, poche parole, poca voglia in generale).

«Papà ha trovato un uomo nell'armadio», ha spiegato mia madre.

L'ho guardata sollevando le sopracciglia, confusa.

Possibile che a casa mia accadesse un evento di quel genere? Come c'era finito un uomo nell'armadio?

C'era finito con una mossa studiata e per nulla casuale, messa in pratica da mamma per far ingelosire mio padre. Un piano complesso e forse non perfettamente congegnato per risvegliare la sua attenzione. Papà era tornato a casa e aveva aperto tutte le ante dell'armadio, una alla volta. Era un grosso mobile che occupava l'intera parete della camera da letto, alto fino al soffitto e pieno dei loro vestiti. Lentamente aveva proceduto, fino ad arrivare all'ultima, la settima. E lì l'aveva trovato. Un uomo.

Non senza un certo senso dell'umorismo, si era voltato verso mia madre e aveva detto: «È un classicone, eh».

Verissimo, quella era una scena da perfetta commedia all'italiana.

Era stata una vendetta trasversale arrivata a destinazione. Sfortunatamente, ci ero finita in mezzo pure io.

Quando sono tornata a casa non c'erano più né l'uomo (che poi era un amico di mamma) né mio padre.

Che mio padre non ci fosse non era una grande novità, perché il lavoro lo portava spesso in giro, lontano da noi. Era vagabondo nella sua stessa famiglia.

«Papà, parti anche questa settimana?»

«Eh, sì che parto, mica posso risolvere i problemi da casa.»

«Magari sì.»

«Li risolvo meglio andandomene, fidati...»

Lui faceva le valigie e si chiudeva la porta alle spalle, mamma restava e si occupava di noi, della casa, della spesa, di pagare le bollette, prenotare le visite mediche, bollire le mie zucchine e saltare le mie puntarelle. Guardava la televisione, si annoiava e si sforzava di passare le giornate in qualche modo, che in verità è un'occupazione per nulla semplice, in certi casi.

E intanto mio padre indossava i suoi completi scuri e guadagnava i soldi che servivano a tutti, quindi che gli si poteva dire.

«Se non lavoro io, a voi chi vi mantiene?»

Certo, nessuno.

È che mia madre alla lunga si è sentita scomparire, in quel suo ruolo di moglie. Lo amava, ma aveva ben poco in confronto a lui, pieno di responsabilità, impegni, trasferte, conoscenze, persone che lo cercavano e lo stimavano e lo rispettavano. Suo marito aveva una carriera, lei lunghe giornate in cui riflettere su come si sentisse trascurata, sola e un po' inutile.

Quindi che papà non ci fosse era abbastanza normale, ma dopo l'uomo nell'armadio non c'era più in una maniera diversa.

E io ero nevrotica, sopra le righe come in un film di Muccino, caricata di emozioni, isterica.

«Forse se mangiassi un piatto di pasta...» azzardava mamma.

Io la fulminavo con lo sguardo: «Vuoi che mi venga il diabete?»

«Vabbè, mica ti ammalerai per un piatto di pasta», ma io non ascoltavo.

In verità non era più quello. Il foglio del medico con la grafia svolazzante non lo guardavo neppure più, dimenticato. Ce l'avevo dentro: la dieta impressa nel cuore. Ai tempi non l'avevo del tutto capito – che volete, avevo quindici anni – ma il mio digiuno non era più una dieta. Era diventato una silenziosa protesta contro la mia famiglia.

Una mossa contorta proprio come quelle che metteva in pratica mia madre, infatti facevo male soprattutto a me stessa, e solo indirettamente arrivavo a ferire i miei genitori. A forza di non mangiare ho collassato, una volta a scuola e una a casa di mia cugina. Collassare è orribile, ti gira la testa e ti senti pesante, arrivano le palpitazioni, poi il battito cardiaco sembra sparire e tu ti spegni.

Un collasso non puoi ignorarlo, quindi sono tornata dal dietologo.

«Scusi, è normale quello che sta succedendo?» ha chiesto mia madre.

Era normale, per lui, perché il mio corpo era abituato a mangiare troppo. Ero al limite dell'obesità e soffrivo il minore apporto calorico. Cioè, non è che passi dai due etti di carbonara ai duecento grammi di zucchine senza accorgertene.

Poi ha aggiunto, abbassando la voce: «Con tutto quello che le sta accadendo in casa, non è sorprendente che la ragazza stia male». Il dottore sapeva ciò che stava succedendo ai miei, come sempre capita agli amici di amici.

«Sì, però un collasso...» ha insistito mia madre, non senza un po' di buonsenso.

Sono uscita dallo studio del dottore con un integratore a base di ferro, che forse ha evitato altri collassi ma non ha risolto i problemi, né mi ha convinta a ricominciare a mangiare.

In casa mia le acque restavano agitate, anche a causa di quel problema di fondo legato a una generale incapacità comunicativa.

L'uomo nell'armadio non era un tradimento ma un grido d'aiuto, un modo per mettere mio padre alla prova. Avrebbe dovuto essere una faccenda tra loro, problemi tra marito e moglie, ma io l'ho presa abbastanza sul personale.

Oh, errore mio, sicuramente. Però quando ho capito che il loro matrimonio stava subendo una deriva pericolosa, da cui probabilmente non si sarebbe più ripreso, ho cominciato a sentirmi arrabbiata. Parecchio arrabbiata, con entrambi. Oltre a «*bona*» sono diventata pure dannata. Bella e dannata, e la dieta è diventata la mia forma di protesta, la mia ribellione contro la famiglia. Si è trasformata in malattia.

Pure questo era un messaggio urlato a modo mio. Ma a casa mia per dire: «Ti amo», si nascondevano gli uomini nell'armadio, quindi non è poi così sorprendente che fossi cresciuta con qualche difficoltà nella gestione della comunicazione emotiva.

Beautiful

La mia famiglia si è trasformata in un enorme spin-off di *Beautiful*, che Ridge *lèvate*. Discussioni, recriminazioni, è colpa tua, no è colpa mia, ti amo però ti odio, insomma, tutto il repertorio. Mio padre aveva ragione: è un classicone. Era scoppiato il conflitto mondiale, esplodevamo in milioni di pezzi, non c'era più nulla.

Metteteci l'emicrania, l'anemia, quel paio di collassi, ma a me era un po' passata la voglia di vivere, filosoficamente parlando. Li sentivo discutere e sbattere la porta, e intanto mi cresceva dentro una rabbia muta e ostile, come quelle piante infestanti che prima che tu ti accorga della loro presenza hanno già sopraffatto il resto del giardino. Non avevo più voglia di fare nulla, figuriamoci di mangiare.

Se fossi uno psicologo direi che probabilmente era una manifestazione estrema di rifiuto verso quel che stava accadendo intorno a me. Ma io psicologia non l'ho studiata, quindi mettiamola così: ero parecchio incazzata e avevo mal di testa da mesi.

Io, che per una vita avevo lottato per tenere insieme tutti – o almeno questa era la mia impressione, che vi devo dire –, ora vedevo il divorzio avanzare inesorabile. Non che smettere di mangiare fosse una soluzione, ma certamente era una chiarissima e personale dimostrazione di disagio. Ed era senza dubbio proporzionata alla violenza della situazione.

Che i miei si sarebbero separati l'avevo capito molti anni prima.

Erano stati una coppia in crisi perenne, una tempesta di contrasti che convivevano in qualche modo: innamorati, gelosi, folli, possessivi e incapaci di dimostrarsi reciprocamente i sentimenti. Quando a due persone capita di amarsi ma di non riuscire a stare insieme non c'è molto da fare, puoi solo sperare che non si facciano troppo male.

Papà era introverso, ancora forgiato con la formina dell'uomo di una volta, forte e solido. Veniva da una famiglia in cui bisognava lavorare duro e badare al sodo: restava poco spazio per i sentimentalismi. Era ambizioso, determinato a farsi strada nella vita e poco avvezzo a dialogare con le proprie emozioni. Scriveva poesie ma non le condivideva, io le ho scoperte molti anni dopo, frugando nei suoi cassetti.

Mamma, al contrario, era un magma di dolcezza e bisogno di attenzioni, emotività e insicurezze.

Io vivevo in quel film del 1991 di Francesco Nuti, *Donne con le gonne*, in cui il dentista Renzo Calabrese s'innamora di Margherita, femminista a cui il ruolo tradizionale della donna sta stretto. I due sono il giorno e la notte, e questa è insieme la loro forza e anche la più grande debolezza. Attrazione e violenza ballano insieme, a braccetto. È chiaro fin da subito che non c'è un punto d'incontro, e qui la storia si gioca tutta sulla grande menzogna in cui ci ostiniamo a credere, quella secondo cui l'amore è più forte di ogni altra cosa.

Sticazzi.

Di vero c'è che l'amore può essere ostinato e può finire con il rivoltarsi contro chi lo prova, trascinandoti in baratri che non volevi esplorare. Il dentista Renzo Calabrese decide di rapire la moglie, chiuderla in un casolare isolato e costringerla a essere la donna che lui desidera, convinto che questa sia la strada giusta per toglierle dalla testa le assurde fantasie di emancipazione e uguaglianza.

Mia madre non era prigioniera in campagna, ma nella sua vita di mamma e moglie della Roma «perbene». Non lavorava, dipendeva in tutto da mio padre. Sia per i soldi sia per un senso più generale della sua esistenza.

Ma, come dicevo, lui non era prodigo di complimenti e a lei restava ben poco.

E anche quelle poche parole gentili che riusciva a dire, quell'«Amore» con cui si rivolgeva a noi, pronunciate da lui avevano un che di brusco. Ti restava l'impressione che fossero parole dette per convenzione, perché ce le aspettavamo, per quieto vivere, perché così si fa. E lui era un uomo riservato, gentile ma burbero.

Era il matrimonio dei miei genitori, non erano direttamente problemi miei, ora lo so. Ma lo sono comunque diventati. E così ho smesso di mangiare del tutto, in quel caos in cui si era trasformata la mia famiglia.

L’annuncio

All'inizio io dimagrivo ma mamma e papà erano concentrati soprattutto sulle loro faccende, quindi vedevano quel che accadeva ma poi riuscivano a convincersi che si potesse aspettare. C'è quella regola della fisica per cui se ignori ostinatamente un problema puoi illuderti che si risolverà da solo, in qualche modo.

Poi è arrivato un momento in cui non si poteva più ignorare ciò che stava succedendo. Insomma, non mangiavo nulla e continuavo a perdere peso. Di me era rimasto lo scheletro e poco più.

Allora i miei genitori mi hanno portata da un dietologo – non quello dei duecento grammi di zucchine bollite, un altro anche lui raccomandatissimo – per ufficializzare quello che in fondo probabilmente già sapevano. Certe cose hanno un suono diverso, se a dirle è un dottore. A volte hai bisogno di un camice bianco che annunci la verità, forte della sua indiscussa autorità.

Il medico mi ha visitata, mi ha fatto qualche domanda di cui già conosceva la risposta e poi è tornato a sedersi dietro la scrivania, con l'aria di uno che sta per dare una pessima notizia.

«Signori, vi comunico che vostra figlia è entrata in anoressia.»

Ha detto proprio così, scegliendo un termine che in fondo lasciava aperta la speranza, perché se ci entri poi magari puoi anche uscirne.

Le reazioni delle persone la dicono lunga sulla loro natura. Mamma ha urlato un lungo e doloroso: «No», portando le braccia al petto, mentre papà ha sbattuto il pugno sulla scrivania, per poi rivolgermi un'occhiataccia.

Ricordo di averli guardati, entrambi. «È colpa vostra», ho detto, fornendo loro la seconda informazione scontata del giorno. L'avevo dentro da mesi e per la prima volta finalmente sono riuscita a dirlo. Non era una sfortuna, se ero scivolata nel disordine alimentare. Non era il caso, non era l'imperscrutabile vita che si dispiega. Era il casino che avevano scatenato in casa.

«È colpa vostra.»

E loro, muti. Tanto che il dottore, schiarendosi la voce, ha commentato con la seconda, necessaria banalità: «La serenità domestica influisce sul benessere dei ragazzi».

In quel momento i miei hanno ricominciato a vedermi, per la prima volta da settimane. A vedermi davvero, intendo. Si sono accorti di avere dei figli, ai margini del loro complicato matrimonio. Lo so, è strano, ma è una cosa che può sfuggire se, come mio padre, sei un uomo terribilmente impegnato, o al contrario se, come mia madre, hai così poco da fare da perderti nei tuoi pensieri sulla vita.

Comunque, non sapevano bene come comportarsi. Sono tornati a casa con una sorta di manuale d'istruzioni: «Cosa fare nel caso la tua famiglia vada verso il naufragio e tua figlia di conseguenza smetta di mangiare».

L'obiettivo finale delle attenzioni e delle energie di mamma è cambiato: dalla relazione con mio padre a me. Una conseguenza che non avevo previsto. Mi stava vicino giorno e notte, era diventata la mia ombra. Aveva smesso di provare pena per se stessa e cominciato a rivolgere tutte le sue preoccupazioni su di me.

Papà era un passo oltre, come sempre, e mi trattava già come se stessi morendo. Continuava a lavorare molto, impegnatissimo da mattina a sera, ma si vedeva che aveva paura. Da uomo abituato ad affrontare e risolvere problemi, l'idea di non avere a disposizione soluzioni lo disorientava. Si è rivolto ai migliori specialisti, mettendo generosamente mano al portafogli. Ho visto un numero di medici sufficienti a guarire ben più di una ragazza, ascoltato pareri, respirato, tossito, sono salita su uno smisurato numero di bilance. Ho risposto a domande, ricevuto raccomandazioni e diete che poi non mi sono neppure sognata di seguire, perché questa volta i cinquanta grammi di zucchine bollite servivano a farmi mettere qualcosa in pancia. Qualcuno mi ha anche prescritto le puntarelle; anche scondite, se proprio quel cucchiaio di olio per me sembrava troppo. Meglio che niente.

Nessuno specialista sembrava in grado di aiutarmi, purtroppo.

Credo di averne consultati venti, medico più, medico meno.

E intanto il numero di malesseri aumentava, in maniera inversamente proporzionale al mio peso: ho cominciato a soffrire di intolleranze, disturbi legati al sistema immunitario. Avevo perenni e dolorose placche in gola, che cercavo di lenire con piccoli sorsi di acqua fredda. La circolazione era problematica, avevo vertigini e faticavo a stare in piedi.

Il punto più basso di questa parabola è definibile con un numero: quarantasette. Che sono i chili che pesavo a un certo punto.

Rifiutavo il cibo senza la minima consapevolezza di quello che stavo facendo. Avevo la testa annebbiata, nessuno dei diciannove specialisti è riuscito davvero a parlarmi. Marciavo a passo spedito verso la morte, senza rendermene conto.

Tra chi soffre di anoressia c'è qualcuno che prova a celare il disturbo, fingendo di mangiare qualcosa per mantenere le apparenze, sbocconcellando una carota, qualche chicco di riso. Non era il mio caso, io sentivo di non avere nulla da nascondere.

Mamma scioglieva nell'acqua un integratore in polvere arricchito di proteine, al gusto di cacao. Ne versava diverse cucchiaiate nel bicchiere, perché quello era meglio di nulla. Poiché sui liquidi opponevo meno resistenze, ha esplorato l'intera gamma dei prodotti per sportivi. Il piano della cucina ne era pieno, neanche da noi si fosse trasferita la squadra nazionale di atletica. Barattoli colorati, bottiglie con etichette che promettevano miracoli: reintegro dei sali minerali, proteine vegetali e vitamine di ogni tipo, dalla «a» di «ammazza che energia» alla «z» di «zero stanchezza».

Di tanto in tanto tentavamo qualche passo verso la normalità: come quando mia madre mi ha allungato timidamente uno di quei famosi biscotti per bambini. Ci ho provato, ma non ce l'ho fatta.

«Neppure questo?»

«Neppure.»

Oltre non si è spinta.

Però la situazione continuava a peggiorare. Ho cominciato a soffrire di dolorose gastriti, non mi reggevo in piedi. Infatti, un pomeriggio sono svenuta. Mio padre è tornato a casa dall'ufficio, trafelato e furioso.

«Tra i tanti cazzacci che c'ho in testa non posso pensare a te», ha detto, forse sperando in una mia reazione.

Be', non è arrivata.

In compenso mi sono ritrovata in ospedale, dove ho sperimentato una gastroscopia d'urgenza. E finiamo qui il capitolo, perché sulle emozioni che ti regala una telecamera infilata giù in gola, fino allo stomaco, stenderei un velo.

È colpa vostra

LABBRA screpolate, capelli sempre più fini, congiuntiviti, crisi respiratorie: questa ero io a diciotto anni. Per me la vita era un costante inverno, anche d'estate. Avevo sempre freddo, dormivo con un golfino rosa e indossavo gli occhiali da sole anche in casa, perché la luce mi era insopportabile. Stavo in penombra, nell'alba dei morti viventi.

Papà continuava con la sua strategia. Mi spronava con parole dure nella speranza di suscitare in me qualche reazione. È quella cosa chiamata psicologia inversa – la tratto male così magari si smuove –, che a volte funziona e altre no. Nel mio caso, no.

Oltre al maglioncino rosa di lana e agli occhiali da sole da Lady Gaga indossati persino sul bidet, di quel periodo ricordo le urla. In un mondo ideale e giusto, davanti alla malattia, di fronte a un medico che dice: «La serenità domestica influisce sul benessere dei ragazzi», davanti a io che dico: «È colpa vostra», i miei genitori avrebbero trovato la forza per mettere un attimo da parte i loro problemi e cercare di riportare in casa un clima leggermente più sereno. Magari poteva essere solo apparenza, magari avrebbero potuto discutere fuori o mentre io non ero in casa. Ma quel mondo non era né ideale né giusto, quindi la mia anoressia ha finito con il suscitare la reazione opposta. Era un nuovo fronte di guerra, l'ennesimo problema su cui loro non potevano capirsi.

Mamma l'ha detto: «È colpa tua se nostra figlia si è ammalata, sei stato tu a portarla dal medico che le ha prescritto la dieta dei cinquanta grammi di fame...»

Mio padre non aveva alcuna intenzione di farsi carico di quella responsabilità, in fondo era stato l'unico in famiglia a vedere il problema del mio sovrappeso e a proporre un rimedio – vi mantengo tutti, lavoro da mattina a sera e devo pure occuparmi io della bambina che pesa più di me... –, e il dottore aveva detto che rischiavo il diabete.

Li ho sentiti discutere e accusarsi a vicenda. Tutto nella nostra vita famigliare, persino la mia malattia, doveva essere riportato a loro, alla loro visione del mondo, alla loro infinita guerra per definire chi avesse ragione e chi torto. Allora mi sono arrabbiata, cosa che mi accadeva di rado in quel periodo, perché prevalentemente ero apatica e spenta. Per arrabbiarsi servivano energie che non avevo, ma quel giorno ho fatto uno sforzo e le ho trovate. Quindi li ho chiamati e ho ricordato loro che la responsabilità era di entrambi, poi ho aggiunto che avrebbero dovuto accettare di condividere qualcosa, fosse anche la colpa della fine della nostra famiglia.

Sono stati zitti un attimo, poi hanno ripreso la loro lotta.

Sembra incredibile, ma con l'aggravarsi dell'anoressia la situazione in casa è peggiorata. Papà aveva abbandonato la camera da letto già da tempo e dormiva sul divano, come atto di protesta.

Non faceva le valigie per andarsene innanzitutto perché sentiva che quella era casa sua – e aveva pure ragione, tecnicamente – e in secondo luogo per una sorta di testardaggine, come fosse una questione di principio. A suo parere era mia madre che avrebbe dovuto trovarsi un altro posto dove stare, benché quella presa di posizione fosse evidentemente destinata a portare allo stallo totale.

E poi papà sapeva che lì c'era ancora bisogno di lui. Quale padre abbandona la famiglia proprio nel delicato momento della malattia? Non voleva lasciarmi.

Il risultato di quello strano equilibrio è stato catastrofico.

Urlavano, me lo ricordo ancora, oppure in casa scendeva un silenzio pesante, ed era perfino peggio. Quella del silenzio è una strategia mostruosa.

«Vai a dire a tuo padre che...» mi diceva mamma.

Io riferivo e lui mi rispediva indietro: «Rispondi a tua madre di...»

Soffrivano entrambi, soffrivo io, soffrivamo tutti. Che non è una gran consolazione, comunque.

Ricucita e curata

UNO dei numerosi medici che mi ha visitata mi ha prescritto delle flebo da fare a casa. Mi servivano, perché nonostante indossassi ancora il maglione di lana era arrivata la primavera e la scuola stava per finire. Per me gli ultimi mesi non erano andati esattamente alla grande e avevo accumulato parecchie assenze. Lo studio era scivolato in secondo piano e mi ritrovavo con qualche insufficienza da rimediare.

Così mi sono sistemata nel letto, sotto una coperta, con la pila di libri accanto, e mi sono messa sotto, per quanto le mie condizioni me lo consentissero.

A scuola, a giugno, mi ci ha portata mio padre praticamente in braccio, perché non riuscivo a stare in piedi. Dopo «cellulitica» e «*abbbona*», i miei compagni mi hanno accolta in silenzio, perché non c'era più nulla da dire. Credo fossero attoniti, ero a un altro livello, lontano perfino dalle loro battute. Seduta al banco ho affrontato le verifiche di recupero al meglio delle mie possibilità.

Sfortunatamente, non è stato sufficiente. E niente, i professori mi hanno bocciata.

Ma a quel punto una bocciatura era nulla, rispetto a tutto il resto. Nessuno se l'è presa troppo, mamma e papà sono stati comprensivi e non hanno voluto infierire.

«Vabbè, France', è un anno. Che cos'è un anno rispetto alla vita?»

Questo era lo spirito.

Anzi, hanno cercato di incoraggiarmi a vivere l'estate. E io ho provato a pensare a qualcosa che non fosse il mio stare male.

Forse è stato l'istinto di sopravvivenza a permettermi di reagire. Dal nulla in cui ero sprofondata ho allungato la mano in cerca di un appiglio a cui aggrapparmi e ho trovato un barattolo di Nutella. Era notte, sono scivolata fuori dalle coperte – era estate, sì, e dormivo ancora con le coperte, sì – e l'ho svuotato a cucchiaiate. Quello è stato il primo passo per uscire dall'anoressia, passando dalla crema di cioccolata e nocciole.

Ho ricominciato a prendere peso, i miei infiniti malesseri sono passati. Appena si è capito che non ero più a un passo dal ricovero in ospedale, papà ha fatto le valigie e se n'è andato da casa.

Quando ci ha lasciate, mi è rimasto dentro un silenzio che mi ha prosciugata del futuro. Ero depressa, non avevo voglia di fare nulla. Di notte non riuscivo a dormire, solo che stare ore sveglia a fissare il soffitto è una cosa piuttosto deprimente, quindi mi sono cercata un'occupazione per passare il tempo. Come personale antidoto contro l'insonnia ho iniziato a lavorare: cantavo nei locali della mia zona, per trenta euro a serata.

Solo perché non ero più uno scheletro, mamma era felice. Tutto il resto andava bene: la bocciatura, le notti fuori casa, i barattoli di crema di cioccolata che sparivano. Uscivo, avevo le forze per lasciare il divano. Da ogni punto di vista era un netto miglioramento. Sulle mie esibizioni canore e più in generale sull'ipotesi che io prendessi la strada dello spettacolo non si esprimeva: giustamente, aveva intuito che era meglio lasciarmi fare. Non vivendo più con noi, papà mi teneva d'occhio da distanza.

«Chiamami quando vai a scuola», aveva detto a settembre prima che ricominciassero le lezioni, intuendo la poca voglia che avevo di tornare in classe. Dovevo ripetere il quarto anno di scienze sociali e per lui era importante che mi impegnassi, seguendo il suo esempio di uomo di successo. Da figlia diligente, ho eseguito e gli ho telefonato, solo che erano le sei del mattino. «Papà, sto andando a scuola, tutto bene.»

Ha risposto: «Ottimo, benissimo», con la voce di uno che stava dormendo. Poi nel primo pomeriggio mi ha richiamata: «Me parevi un po' troppo arzilla, che ti fai di qualcosa?»

Evidentemente dovevamo ancora prendere le misure della nuova versione di famiglia, della separazione, del vivere lontani.

A scuola comunque ci sono andata, per un po'. Abbastanza per capire che non mi piaceva nulla di quell'ambiente. Ero quella che faceva le imitazioni dei professori, cercavo l'attenzione dei compagni e la ottenevo pure, ma non riuscivo a trasformarla in amicizie e rapporti veri.

Avrei potuto diventare «la ragazza popolare», i ragazzi ci provavano e nessuno mi tormentava più con battute stupide, ma io avevo imparato che con l'amore ci si scotta, quindi facevo la superiore.

Innamorarmi io? Figuriamoci. Ci mancherebbe.

Poi ovviamente ci stavo male, come succede sempre ai fragili che fanno i duri. Come quella volta che un compagno di classe di colore mi ha mandato un bigliettino per farmi sapere che gli piacevo e io ho risposto con una faccia schifata. Lui si è convinto che ce l'avessi con lui per il colore della sua pelle – perché, in effetti, per quale ragione schifare uno che con gentilezza ti dimostra simpatia? – e io per giorni mi sono tormentata per averlo involontariamente ferito.

Per tutti questi motivi, e molti altri, avevo capito che la scuola non era il mio ambiente. Avevo bisogno di una via di fuga, ed è arrivata: nel settembre 2009 mi hanno contattata gli autori del talk show *Festa italiana*. «Che ne dice di partecipare al programma con le sue imitazioni?»

Avevo diciannove anni, pesavo cinquantacinque chili e mi ero lasciata l'anoressia alle spalle. Mangiavo e poi vomitavo, ma questo era un problema meno evidente, quindi riuscivo a gestirlo.

Ho accettato l'offerta e sono finita in tv con Caterina Balivo, nella fascia pomeridiana, a imitare Sandra Mondaini, Mara Venier e Sabrina Ferilli.

Quel che mi era accaduto, il rischio che avevo corso infliggendomi il digiuno, l'ho capito solo due anni dopo, quando ho avuto un grave incidente d'auto. Così grave che ho rischiato di rimanerci. Grave che dovete immaginarvi lamiere d'auto e sangue e l'ambulanza che arriva con le sirene spiegate.

Solo nel momento dello schianto ho capito che si può morire davvero, non è un'eventualità teorica.

Mi hanno salvata, rimessa insieme, ricucita e curata.

Appena i medici hanno firmato le mie dimissioni dall'ospedale sono corsa dai miei genitori, spinta dall'enorme desiderio di perdonarli, per tutto. Non volevo neppure parlarne, per me potevamo lasciarci alle spalle quel che era accaduto e ricominciare da zero.

Mamma mi ha stretto forte a sé e ha fatto partire *Il sole toccherai*, una canzone che avevo cantato. In quell'abbraccio ho capito che ero viva, che le cose succedono e non puoi controllarle sempre. Puoi fare il meglio con ciò che hai, solo quello. E puoi cercare di non incasinarti troppo; un fronte, questo, su cui dovevo ancora migliorare.

Calabria, Porto Kaleo

ALLE imitazioni di *Festa italiana* sono arrivata grazie all'esperienza maturata su un palcoscenico difficile, di quelli dove il pubblico non perdona, pronto a voltarti le spalle appena lo deludi. Un palco su cui avevo avuto l'onore di salire giovanissima e incosciente, l'estate precedente – cioè quella dopo la bocciatura; vabbè, avete capito –, il genere di situazione che ti forgia e ti costringe a crescere.

Sto parlando del villaggio turistico, una realtà altamente formativa per chiunque intenda muovere i primi passi nel mondo dello spettacolo.

L'animatore di un resort ha pochi istanti per conquistarsi la simpatia e la fiducia del turista, che per una disgraziata frase sbagliata può etichettarti come «scocciatura», rendendoti assolutamente inutile, se non persino elemento di fastidio da far scomparire (ho visto persone fuggire dagli animatori). Sta tutto in uno sguardo: «Animatore, renderai tu la mia estate migliore?» Ed esistono due sole risposte: sì o no.

Bisogna ricordare che la popolazione del villaggio è composta da persone che hanno alle spalle undici mesi di duro lavoro e magari hanno atteso a lungo le sospirate ferie. Hanno anche speso dei soldi e hanno aspettative alte. Non è che poi arrivi tu e gliele rovini.

L'animatore deve intrattenere, divertire, far sognare. Deve coinvolgere senza disturbare, entrare in confidenza senza mancare di rispetto. È al servizio praticamente giorno e notte, ma non deve dare segni di stanchezza o cedimento, in nessun caso. È l'anima della festa, il motore trainante, e non importa se vorrebbe solo tornare in camera, fare una doccia e andare a dormire.

Se superi la prova del villaggio vacanza, non c'è alcun pubblico che ti spaventerà mai.

Io ci sono arrivata dopo il mio anno terribile, quello dell'anoressia. Dopo la bocciatura, i miei genitori hanno deciso che mi avrebbe fatto bene lasciare Roma per un po'.

«Sì, ma non troppo lontano», si raccomandava mamma, apprensiva.

«Che faccia qualcosa, però, che s'impegni», diceva mio padre, guidato ancora dalla sua etica di lavoro + coscienziosità + serietà.

«Ok, ma deve anche divertirsi un po', dopo quel che ha passato.»

«Può divertirsi e allo stesso tempo impegnarsi in qualcosa.»

Insomma, mettere insieme tutte queste esigenze non era affatto facile. Papà ha chiesto consiglio a una persona di cui si era sempre fidato: suor Paola, grande tifosa della Lazio.

«*A sore*', dammi una mano che France' ha problemi e non so come aiutarla.»

Poi ha precisato: «*Falle usà er microfono*», perché mio padre credeva tantissimo nel mio talento musicale. Lui, enorme fan di Mina, vedeva nella mia voce qualcosa che andava coltivato.

Tra l'altro, senza azzardare alcun paragone, papà ricordava che anche Mina agli esordi si era esibita su un palcoscenico squisitamente estivo. Immaginate la Versilia del 1958, le spiagge di sabbia e il mare. Lì la famiglia Mazzini stava trascorrendo le vacanze, e una sera un gruppetto di ragazzi aveva incoraggiato la giovanissima Mina a salire sul palco della *Bussola*, noto locale di Marina di Pietrasanta. Lei era stata allo scherzo, aveva preso il microfono e aveva cantato, mandando in visibilio il pubblico.

Suor Paola non mi ha spedita in Versilia ma in Calabria, dopo avermi messa in contatto con il responsabile dell'animazione di un villaggio vacanze. Le era sembrato che fosse un lavoro adatto a me, che mi avrebbe tenuta abbastanza impegnata da non permettermi di rimuginare troppo sul divorzio dei miei e la bocciatura.

Ha avuto ragione, in effetti.

L'ho capito dopo aver fatto i primi colloqui, in cui quello che sarebbe diventato il mio capo mi ha facilmente inquadrata. «Col carattere che hai non credo tu abbia pazienza con i bambini, Manza», mi ha detto. (Sì, mi chiamava Manza.)

«No», ho confermato. Con i bambini non ci sapevo fare per nulla.

«Ti faccio cantare, allora.»

Se trascorrere le giornate a intrattenere i pargoli dei vacanzieri mentre i genitori si rilassano in spiaggia mi pareva al di sopra delle mie possibilità, non mi preoccupava affatto invece l'idea di cantare davanti a decine di persone.

Ormai stavo uscendo dall'anoressia e mi sentivo abbastanza in forma per lanciarmi in una nuova avventura: indipendenza economica, gente nuova e un po' di chilometri di distanza dai miei mi sembravano una prospettiva allettante.

Appena arrivata al villaggio mi hanno messa all'infopoint, il punto in cui confluiscono tutti gli indecisi o quelli che hanno qualche problema.

«Ma come, non dovevo cantare?»

«Sì, ma non subito. Prima fai un po' di esperienza, d'accordo?»

In brevissimo tempo, però, ho acquisito tutta l'esperienza necessaria per il compito che mi era stato richiesto, ovvero sorridere e rispondere alle domande dei clienti – «A che ora inizia la colazione? I drink sono inclusi? A che ora chiude la piscina? Posso avere asciugamani puliti?» – e mi sentivo pronta a passare ad altro. Anche perché dopo essermi barcamenata nelle acque burrascose di una separazione non mia, non sarebbe certo stata una famiglia in vacanza a mettermi in crisi con le sue richieste sul cambio di asciugamani.

«Quando posso cantare?» chiedevo.

Presto mi avrebbero messo all'intrattenimento, presto. Intanto però dovevo sorridere al mio tavolo dell'infopoint, dove ogni settimana si riversavano i nuovi arrivi, tutti con le stesse domande.

E dopo aver dimostrato di saper sorridere h24 senza mai perdere il controllo dei muscoli facciali, ecco finalmente il momento tanto atteso.

«Ti inseriamo nel gruppo dell'animazione.» Non ho neppure dovuto sforzarmi, che già sorridevo. Ormai era la mia espressione naturale, quella con cui mi svegliavo ogni mattina.

Evidentemente chi ha speso soldi per una settimana al mare in un villaggio turistico si aspetta di essere circondato da persone felici. Ha anche ragione: dopo un anno alle prese con tutti gli intoppi e i malumori possibili, vuoi incontrare solo persone gentili e cordiali, disposte ad ascoltarti e a passarti un asciugamano pulito ogni volta che ne senti l'esigenza.

Infatti, anche dopo aver lasciato l'infopoint ho continuato a mantenere il sorriso stampato sul volto, ma nel mio nuovo ruolo mi veniva più spontaneo, perché dovevo occuparmi dei balli di gruppo, del gioco caffè (cioè qualsiasi attività utile a intrattenere gli ospiti dopo i pasti, quando tutti vogliono un espresso allo stesso momento) e dei musical, tutte occupazioni in cui è decisamente più facile divertirsi.

Finalmente avevo il mio microfono e un palcoscenico. Il turno continuava a essere h24, mi si chiedeva di essere sempre a disposizione, ma non mi lamentavo: ero responsabile della felicità di centinaia di persone venute ad abbronzarsi sotto il sole calabro.

Ho passato l'estate a cantare e ho scoperto che mi piaceva anche ballare: appena accendevano la musica io sgambettavo a destra e a sinistra. Bello stare sotto i riflettori, belli gli applausi finali, bello anche sorridere sempre. L'ho presa seriamente, neanche fossi al *Moulin Rouge*. Durante le prove il mio responsabile mi osservava, poi aggrottava le sopracciglia perplesso: «Manza, siamo alla Scala di Milano o in un villaggio turistico?» chiedeva, quando il mio stile gli pareva un po' esagerato.

Ed è stato su quel palco che la vecchia abitudine

che a scuola finiva con il ritorcersi contro di me si è rivelata utile. Sto parlando delle imitazioni, che mi sono sempre venute spontanee, soprattutto se conosco una persona che attira la mia attenzione. In classe quel mio talento non era particolarmente apprezzato. Quando divertivo i compagni trasformandomi nella professoressa di matematica mi mettevo regolarmente nei guai. Lì ero quella irrispettosa e indisciplinata; al villaggio, invece, la gente apprezzava. Facevo le parodie come se fossimo a *Cultura moderna*, il programma di Antonio Ricci con Teo Mammuccari, e gli ospiti dovevano indovinare il personaggio misterioso. Il pubblico era felice, si divertiva, e per la prima volta da tanto tempo mi sono sentita al posto giusto. Dopo il divorzio dei miei, dopo l'anoressia, ho cominciato ad apprezzare pure io il sorriso h24.

Forse mi avrebbe fatto bene cominciare a vedere uno psicologo, invece i miei mi avevano mandata al villaggio vacanze.

È stata comunque l'occasione per capire diverse cose di me: per esempio, la naturalezza con cui mi trasformavo in qualcun altro o con cui stavo sul palcoscenico. Ho scoperto che dormire poche ore a notte andava bene, non me ne servivano di più. Forse ero stata così a lungo tra letto e divano, quando non mangiavo e non avevo le forze per stare in piedi, che il mio corpo aveva fatto scorta di riposo.

Ero un vulcano, ero carica, iperattiva, poco disciplinata ma compensavo con l'entusiasmo. Avevo ricominciato a mangiare e il mio corpo si era velocemente ripreso. Non tremavo più di freddo anche sotto il sole, per me l'inverno era finito.

Rocco e gli altri

I VILLAGGI turistici hanno fama di essere luoghi dove è facile innamorarsi, più o meno seriamente. L'estate, le vacanze, quell'atmosfera leggera di parentesi tra maggio e settembre: è vero, nella mia prima esperienza da animatrice ho assistito a parecchi flirt. Sembrava che accanto a me non si facesse altro, era tutto un guardarsi, sorridersi, evitarsi e poi cercarsi. Un movimento continuo di ammiccamenti e possibilità che si aprivano.

Solo che io non avevo alcuna intenzione di ritrovarmi nella versione calabra di *Dirty Dancing*. Anche perché ero diffidente da morire nei confronti dell'amore e degli uomini in generale. Quella è stata la mia filosofia per tutta l'adolescenza: evitiamo che è meglio. Non ero Baby ed ero arrivata con il mio bagaglio di problemi. Di affascinanti Johnny che mi sollevassero al volo cingendomi la vita con le loro possenti mani non me ne sarei fatta nulla. Mi sono quindi tenuta rigorosamente fuori dai giochi, finché mi sono detta: Ehi, aspetta! Non è normale che tu scappi sempre dalle persone! Una folgorazione. Senza fare troppe analisi su di me, banalmente mi ero ritrovata a riflettere sul fatto che gli altri invece si innamoravano e spesso sembravano anche – inaudito! – felici.

Così dai diciott'anni ho cambiato approccio e ho socchiuso la porta che mi separava dal mondo maschile. Ho sbirciato in quell'universo parallelo, vagamente affascinata, ma tutta la mia diffidenza rimaneva.

Che devo dire, ero fermamente convinta che i ragazzi non mi volessero davvero, che mi vedessero solo come un possibile divertimento estemporaneo – e magari qualche volta era pure vero, ma per me era una regola universale e definitiva –, e questo mi portava a disprezzarli. Ero certa che nessuno avrebbe potuto capirmi (figuriamoci amarmi), perciò non permettevo al genere maschile di avvicinarsi troppo. Mantenevo le distanze per proteggermi e non lasciarmi ferire.

Avevo scelto di essere Johnny e non Baby. E poi, comunque, c'era la dura lezione di *Dirty Dancing* a confermare la mia teoria: se lui è uno stronzo, sta' alla larga; se invece è affascinante, sexy e interessato a te, sta' alla larga comunque, che poi ti delude e tu ci resti perfino peggio perché nutrivi delle aspettative.

In quella battaglia continua tra me e gli uomini la mia strategia era chiara e crudele: seducevo e fuggivo.

Ora mi sentivo abbastanza forte nella mia taglia 38: ero bella, giovane, piena di problemi che mi rendevano affascinante. Mi stavo prendendo la rivincita su tutti i bulli che mi avevano tormentata, molti chili prima. Mi sembrava anche di aver accontentato mio padre: non avevo più nulla a che vedere con un'anfora.

Quindi ho cominciato a partecipare anch'io al grande sport estivo del flirt generalizzato, con regole tutte mie e senza prenderlo troppo sul serio. Puntavo all'obiettivo e, una volta ottenuto ciò che volevo, scappavo. Con il senno di poi, ho compreso che a frenarmi era la paura. Paura di soffrire, di ripercorrere gli errori dei miei genitori, di non essere all'altezza, di non saper come gestire una relazione.

Ma ai tempi non l'avevo capito. Del resto ero in un villaggio vacanze, mica dallo psicologo. Non che sentissi il bisogno di farmi analizzare, perché credevo di essere a posto: non ero più uno scheletro e su quello misuravo il mio stato generale di benessere.

«France', come stai?» Mia madre mi chiamava spesso per sondare il terreno. Non osava chiedermi se mangiavo, ma credo che una risposta se la fosse data comunque. Perché stavo innegabilmente meglio rispetto a prima. In effetti, stavo bene.

Mi davi un palcoscenico ed ero felice. Ballavo, cantavo, sceglievo gli abiti di scena e mi trasformavo in qualunque cosa servisse, spinta da un'incoscienza capace di cancellare qualsiasi paura. Ogni sera mi esibivo davanti al pubblico del villaggio, ma non temevo nulla, zero dubbi. Le luci si accendevano e io facevo quel che il copione prevedeva per me, senza preoccuparmi minimamente di riuscire bene, come quando mi hanno chiesto di tagliare un pezzo di Anna Marchesini che stavo interpretando che sarebbe dovuto durare otto minuti. E io l'ho trasformato, accorciandolo della metà esatta.

Era una leggerezza meravigliosa, che poi con gli anni ho perso. Ora vedo un palcoscenico e ne sento tutto il peso. Sono le critiche a cambiarti, soprattutto.

Quando ho cantato come soprano leggero nella parte della popolana nel musical *I promessi sposi*, al Teatro degli Arcimboldi di Milano, la tensione mi ha reso completamente afona: collasso emotivo alle corde vocali, hanno detto i medici.

«E quando mi passa?» ho chiesto con un filo di voce.

Poi ho capito che il problema stava nel panico da esibizione, e da quello non si guarisce. Ma ai tempi del villaggio vacanze non ne sapevo ancora nulla. Davanti a me c'era un'umanità composita e varia: professionisti, impiegati, famiglie e coppie, giovani e anziani, e tutti volevano solo divertirsi. Io ero pronta a intrattenerli, se era ciò che desideravano.

Con loro ho festeggiato il mio diciottesimo compleanno al ritmo di *Baila loco*, un ballo di gruppo che mi piaceva da matti. Ero vestita d'oro, in bilico su un paio di tacchi altissimi; a un certo punto hanno spento la musica e hanno detto al microfono: «Facciamo gli auguri alla nostra Franceschina, che oggi compie gli anni». Mi sono commossa, poi il colpo di grazia me l'hanno dato i miei genitori quando mi hanno chiamata. Papà, ruvido come sempre: «Auguri France', so' diciotto, come ti senti?» E poi, senza lasciarmi il tempo di rispondere: «Vabbè, che poi alla fine è solo un giorno come un altro, comunque auguri». Mamma piangeva, emozionata e incredula all'idea che fossi già così grande: «Ormai sei donna», qualunque cosa volesse dire.

Un po' donna lo sono diventata davvero.

Alla fine, dopo una tenace resistenza, ho capitolato anch'io. A farmelo fare è stato un animatore amichevolmente soprannominato «Rocco Siffredi», e non per lo sguardo intenso.

Gli piacevo abbastanza da convincerlo a resistere e insistere per tutta l'estate. Io restavo fredda e diffidente, lui non cedeva di un millimetro, continuando con gentilezze, disponibilità, carinerie varie. Ho ripensato a lui quando mi è capitato di incontrare il vero Rocco Siffredi, molti anni dopo, in tutt'altra situazione. «Io con te non ce la farei, mi fai troppo ridere», mi ha detto.

Be', quell'altro Rocco, il collega di sorrisi h24, era evidentemente meno sensibile al mio umorismo.

Bulimia

Quindi, dicevamo: la tv.

Grazie all'esperienza al villaggio turistico ero entrata in contatto con un manager che, a sua volta, aveva fatto il mio nome per *Festa italiana*. Come si dice, da cosa nasce cosa. Ero giovanissima, pesavo cinquantacinque chili scarsi e avevo anni difficili alle spalle. Ma quell'estate avevo capito che salire sul palcoscenico e trasformarmi in altro mi piaceva, quindi con soddisfazione ho affrontato la mia prima esperienza televisiva.

Mamma era felice che non fossi più anoressica e stessi (forse) dando una direzione al mio futuro, io mi vedevo bella e finalmente indirizzata verso qualcosa. E poi, il mio corpo rientrava nei severi standard dei ragazzi stronzi. Ero magra e piacevo. Che è una sensazione gradevole, soprattutto per una persona insicura di sé.

Come Holly Golightly di *Colazione da Tiffany*, indossavo il tubino nero che finalmente riempivo nel modo giusto, né troppo né troppo poco, e affrontavo Roma. Rossetto, occhiali da sole, divisa da «vorrei essere notata senza però dare l'impressione di voler essere notata».

Proprio come Holly Golightly, in verità dell'amore sapevo poco, praticamente nulla. Anzi, non sapevo niente di sentimenti e rapporti in generale. Credevo di macinare esperienza, invece avanzavo senza consapevolezza tra amici e compagni di serate. Non che fossi sola, avevo tantissime conoscenze, persino più di quelle necessarie. Ero libera, liberissima, profonda e anche superficiale, a momenti. Piacevo a tutti, ma non avevo alcun vero amico. Avevo molti ragazzi, nessun amore.

Facevo quel che fanno tutti quelli che non hanno idea di cosa stanno facendo: scappavo. Non volevo legami, non mi fidavo, non potevo dipendere da nessuno.

I ragazzi li illudevo, ci giocavo e poi scomparivo. Ci uscivo il sabato sera e la mattina seguente non rispondevo al telefono, inventando scuse senza nemmeno preoccuparmi che fossero plausibili: «Sto lavorando, non posso». E che lavoro avrei mai dovuto fare nel week-end?

C'erano amici che mi vedevano in azione e scuotevano la testa dicendo: «Sei peggio di me», che non ho mai capito se fosse un complimento o cosa. Giocavo nel campionato in cui solitamente si sfidano i ragazzi, quello degli spaccacuori. Ma in quel genere di partite non vince mai davvero nessuno.

A diciotto anni frequentavo un tipo che da un giorno all'altro è venuto da me e ha annunciato: «È finita, torno da lei».

«Da lei chi, scusa?» Se c'era una lei ero io, da quel che sapevo.

«Dalla mia ragazza.»

«Non io, quindi.»

«No, l'altra.»

«Ma non era solo un'amica, una ex?»

«In verità no, mai stata ex.»

«Ah.»

«È che è incinta. Non sono io il padre, ma torno comunque da lei.»

Che cosa puoi rispondere a uno così? «Va', e sii felice.»

Storie come quella del ragazzo che torna dalla ex incinta avrebbero dovuto farmi scattare un campanello d'allarme in testa. Tipo: ti ritrovi sempre in situazioni abbastanza al limite, non è che stai sbagliando qualcosa?

Non è successo, perché non avevo gli strumenti per riuscirci. Avevo alle spalle anni di bugie, silenzi astiosi, rancori, vendette incrociate a cui avevo continuamente assistito, spettatrice ma neppure tanto. Avevo familiarizzato con il disagio domestico e la solitudine e nessuno mi aveva insegnato a coltivare i rapporti umani.

L'amore della mia vita era mio padre e lui mi aveva delusa, quindi per me le porte del cuore dovevano restare chiuse.

Osservavo l'amore da lontano, come Holly che la mattina si ferma davanti alle vetrine di *Tiffany* e sa che non appartiene a quel mondo però in cuor suo lo desidera, e sognare non costa nulla. E quando entra nel negozio, poi compra l'oggetto più economico, un fermacravatte.

La mia vita è cominciata a trent'anni, quando ho finalmente capito che mi stavo perdendo qualcosa e che c'era un altro modo possibile di vivere.

Ma intanto io ero da *Tiffany* col mio fermacravatte.

Tornata a Roma alla fine dell'estate, il disagio aveva trovato altri modi per esprimersi. Era più subdolo, meno appariscente.

Al villaggio mi nutrivo male, di quel che c'era, sempre di corsa, senza orari. Magari alle otto di sera eravamo impegnati con le prove, così si mangiava alla fine dello spettacolo, con quel che era avanzato dal buffet. Cene a mezzanotte, pranzi quando capitava. Lavoravamo sempre, con i quaranta gradi dell'estate calabrese. Avevo anche cominciato a fumare, arrivando a due pacchetti di sigarette al giorno, e soffrivo di crisi d'ansia che cercavo di nascondere. La classica strategia del «se nessuno lo vede puoi fingere che non ci sia».

Solo che il corpo risente di un'alimentazione così irregolare: una porzione di insalata russa per cena, un caffè a colazione, due cornetti per pranzo, una pizza a metà pomeriggio… in quel caos di vita tutto era accettabile e nulla era troppo strano. Ma poi ho lasciato la Calabria e il mare, e a Roma c'è stata la resa dei conti tra me e il mio metabolismo. Le mie giornate sono tornate normali, fine dei balli di gruppo e delle esibizioni sul palcoscenico, niente più bagni di mezzanotte. Tolto il microfono dalle mani, mi è rimasto il disordine alimentare, a cui ho trovato risposta con quella che un medico mi avrebbe diagnosticato come bulimia.

In pratica, mangiavo e vomitavo.

Proprio come mi facevo male con gli uomini, seducendoli per poi fuggire, così replicavo con il cibo. Lo desideravo, poi cambiavo idea. Ti voglio, non ti voglio più.

Aiuto, mamma

CHE non stessi troppo bene era abbastanza chiaro.

Poiché guarire dalla bulimia è piuttosto complesso, ho deciso di tagliare quel che potevo eliminare con più facilità. In pratica, mi sono prefissata obiettivi raggiungibili, evitando il grosso. Ho mollato alcol e sigarette da un giorno all'altro, tanto che i miei genitori neppure hanno avuto il tempo di registrare la notizia.

Ricordo mio padre appena tornato da un viaggio: «France', papà ti ha comprato una stecca...»

«Papà, ho smesso.»

«E vabbè, potevi dirmelo...»

Ho buttato via un'intera stecca di Marlboro. Non ce la facevo più a sentire i polmoni pesanti e l'odore addosso, sui vestiti, in camera mia, ovunque.

Poi è stata la volta dell'alcol. Non che avessi un problema, però bevevo. Insomma, davanti alle delusioni che gli uomini riuscivano a propinarmi regolarmente, un bicchiere di vino aiutava.

Ho eliminato anche quello. All'improvviso.

I miei amici suonavano al citofono di casa: «Manza, esci!»

«No, ragazzi. È finito tutto.»

«In che senso?»

«Io sto qui a guardare la tv, grazie.»

«Cioè non esci?»

«No.»

Insistevano, ma io non ne volevo sapere, perché avevo deciso di darmi una regolata. Basta locali, nottate in giro per Roma, cocktail. Sono rimasta sul divano a guardare film. Sola, perché mia madre si era trasferita a Formello dalla sorella per cercare di riprendersi dopo la separazione, e papà tornava a casa soltanto per pranzare con me. Io cucinavo e intanto chiacchieravamo del più e del meno, fingendo di esserci già detti tutte le cose importanti.

Quindi ero sola in casa, con i miei down da astinenze, con Verdone, Sergio Leone, Vittorio De Sica e Fellini.

C'è stata una sera, in particolare. Stavo guardando *Il vento del perdono*, dedicato a un conflitto famigliare, e mi sono emozionata. Mi ha preso un impulso irresistibile che mi urlava di lasciare il divano e affrontare la vita. Così ho chiamato un taxi e mi sono fatta portare da mamma, a Formello.

Un gesto decisamente cinematografico, di quelli che possono passare solo per una testa in astinenza da nicotina che ha tentato di lenire le reazioni fisiche con l'opera omnia di Vittorio De Sica. Mi sarei potuta gettare nella Fontana di Trevi, quello era il livello dopo lunghissimi giorni di solitudine.

Invece sono andata da mia madre.

Era tardi ma, diavolo, c'erano troppe cose che dovevamo chiarire (e di certo aver eliminato sigarette e alcol da un giorno all'altro, insieme con l'aver visto film ininterrottamente per giorni, non mi aveva aiutata a valutare oggettivamente la situazione).

Sono arrivata a casa di mia zia e ho citofonato.

«Ma che succede?» ha chiesto lei, leggermente spaventata.

«Fai scendere mamma», ho risposto io decisissima. Occhi fissi sul citofono, pugni chiusi, aria di una con cui è meglio non discutere.

Vi ricordo: sigarette, alcol, film, crisi di panico, bulimia, anche se tenuta gelosamente nascosta. Ero un po' agitata.

Alla fine mia madre è uscita, mi ha vista e ha capito che era meglio assecondarmi. Ero isterica e non accettavo compromessi: «Ora torni a Roma con me».

«Ma veramente vorrei stare qui con mia sorella.»

«No, il tuo posto è a Roma.»

Forse in quel momento una sigaretta mi avrebbe fatto bene.

È intervenuta anche mia zia, a fare da paciere: «Francesca, magari se ne potrebbe parlare domani con calma, che dici?»

Ho risposto di no, per me il problema andava risolto subito.

Non so quanto siamo state lì a discutere, io decisa a non scendere a compromessi, mamma incredula, tipo: «Questa è davvero mia figlia?»

È finita che ha rifatto i bagagli ed è salita sul taxi con me, diretta a casa. Il mio trofeo lì al mio fianco, muto, con la sua sacca tra le gambe.

A quel punto eravamo sole in due. Entrambe sul divano, abbiamo ripreso a vedere i film. Che altro dovevamo fare? *Per un pugno di dollari*, *Ginger e Fred*, *Giulietta degli spiriti*, *Zabriskie Point*. Li abbiamo visti e rivisti tutti, sedute l'una accanto all'altra sul divano.

Io in verità sul divano ci dormivo anche, perché quando cominciavano a scorrere i titoli di coda non mi prendevo il disturbo di spostarmi a letto.

Mamma e io siamo rimaste così finché ho rotto i ponti con quella parte di passato che non mi stava più addosso. Non ci siamo dette nulla, non c'era bisogno.

L'uomo sbagliato

Sɪ dice che la vita a volte è fatta di incontri fortuiti che cambiano il corso delle cose. Io direi che è fatta pure di muri contro cui ti schianti senza nemmeno rendertene conto. Si dice anche che l'amore cambia la vita, e quasi sempre s'intende in meglio.

Be', spiace ricordarlo, ma la regola vale anche all'opposto. Te la cambia anche in peggio, se glielo permetti.

E io purtroppo gliel'ho permesso.

Poi, se posso aggiungere un terzo luogo comune sull'amore, c'è questa cosa che i grandi incontri avvengono sempre in luoghi ispirati e romantici.

Ecco, io lui l'ho incontrato allo stadio. Un posto che ha certamente molte qualità ma è durissimo definire romantico. Inoltre, ero finita lì perché avevo accompagnato un amico a comprare dei fiori per un tifoso morto. Perciò la situazione non era esattamente quella adatta a un colpo di fulmine.

A ben vedere, forse avrei dovuto persino cogliere qualche segnale.

Dunque eccomi, poco più che ventenne, allo stadio con il mio amico. A un certo punto mi è venuta fame. «Vado a prendere un panino», ho detto.

«E la partita?» ha risposto lui, incredulo.

La partita l'avrei vista dopo aver ordinato il panino.

Come mi sono avvicinata al bancone ho notato uno. Sicuro di sé, spalle larghe, fare deciso, capello spettinato e aria vagamente selvaggia. Mamma mia, assomiglia al Monnezza, ho pensato. A differenza del celebre personaggio interpretato da Tomas Milian, però, aveva anche lo sguardo affascinante dei cattivi ragazzi.

Io mi sarei anche limitata a ordinare il mio panino e tornare sugli spalti, ma ero entrata nel suo radar. Si è avvicinato e ha cominciato a chiacchierare, rompendo il ghiaccio. Non ha scelto di puntare sulla poesia, né ha percorso la strada più banale, facendo qualche osservazione sulla partita o sul calcio in generale. Nulla di tutto ciò, Er Monnezza è andato dritto al punto, dimostrando di non essere il genere di ragazzo che ha paura di esprimere ciò che pensa: «Hai visto questa, che bel culo», ha detto.

Ho distolto lo sguardo dal mio panino. *L'ha detto davvero? Sì, l'ha detto.*

E poi ha anche avuto il coraggio di fissarmi sorridendo.

C'è una lunghissima tradizione di «ragazzi da cui sarebbe meglio tenersi alla larga a cui però finisci per dare corda comunque», sono state girate decine di film e scritti un gran numero di romanzi. Il copione è sempre lo stesso, tanto che è sorprendente che queste cose accadano ancora: ti farà soffrire, già lo sai, eppure ci caschi comunque. Nulla di nuovo, davvero. Non voglio assolutamente prendermi alcun merito, non sono certo stata la prima né sarò l'ultima a dare il mio numero di cellulare alla persona sbagliata. Perché sì, lui me l'ha chiesto, spavaldo fino alla fine. E io ho ceduto.

Avrei potuto dargli il numero del mio amico, per esempio. Invece no, proprio il mio, corretto fino all'ultima cifra.

E lui mi ha chiamata, invitandomi a uscire.

È venuto a prendermi sotto casa e mi ha baciata, senza perdere tempo. Il mio Er Monnezza era un uomo d'azione, non di parole: «*O t'ennamori o me dai 'no schiaffo*», ha commentato.

Non gli ho dato uno schiaffo, mi sono innamorata.

E per tre anni è stato un inferno.

Umiliazione

L'HO incontrato per colpa di un panino, proprio in quel delicato periodo in cui continuavo ad avere problemi alimentari e mi stavo liberando di nicotina e alcol buttandomi sul cinema d'autore, tagliando i ponti con i conoscenti di un tempo.

In quel momento di fragilità, ecco comparire questo uomo tanto deciso da baciarmi al minuto due del nostro primo appuntamento.

È stato un amore a velocità accelerata, un treno veloce del sentimento, di quelli che non fanno fermate intermedie. In pochissimo mi ha dichiarato il suo amore, poi ha cominciato anche a parlare di futuro. Ma non di un futuro a caso, del nostro, insieme.

Parlare di futuro è una carognata, se non lo vuoi per davvero.

Io non avevo mai conosciuto un ragazzo con tutte quelle serissime intenzioni, uno che ti fa sentire Rose sulla prua del *Titanic* ma senza iceberg, quindi ero affascinata.

All'inizio la sua presenza mi ha fatto bene, tanto che ho ripreso a mangiare. È una cosa che capita, quando si fa vita di coppia. Provate a pensarci: la cena fuori, la prima pizza insieme. «Fermati da me che preparo un'amatriciana.» «No, dai, ti porto nel mio ristorante preferito.» È proprio uno degli snodi fondamentali di una relazione. Mio padre lo definirebbe un altro classicone. La tavola a cui siedono gli amanti è la distanza metaforica che bramano annullare, è l'attesa che precede il piacere.

Forte di quel nuovo baricentro (lui, l'uomo che parlava di futuro) sono lentamente uscita anche dalla bulimia, tornando quella di una volta. Solo che alla me di un tempo il cibo piaceva. Molto. Ho ripreso con le porzioni di cui mi servivo con generosità prima che mio padre mi portasse dal dietologo dei miracoli. Ho rimesso su peso, gonfiandomi sempre più. Ma a lui, al mio Er Monnezza, non importava. Mai fatto un commento sulle mie maniglie dell'amore, sembrava non vederle nemmeno, perché aveva altro per la testa.

«France', ti amo, facciamo un figlio.»

Una proposta davvero seria, non fosse stato che lui intanto abitava ancora con l'ex moglie.

«Se siete divorziati, perché non vai a vivere da un'altra parte?»

«E cosa cambia, tanto io e lei siamo come fratello e sorella», che è esattamente quello che dicono i mariti fedifraghi alle amanti, tra l'altro.

«Ragione in più per lasciare casa, no?»

«France', devi credermi, tra me e mia moglie è finita.» E poi, a suggellare un futuro insieme, ancora quell'idea: io e te faremo un figlio.

Che sarebbe stato abbastanza romantico, nonostante la presenza dell'ex moglie, se la richiesta successiva non fosse stata: «Quindi per cortesia stasera resta a casa, che non mi piace saperti in giro».

«Ah, bene, quindi ceniamo assieme.»

«No, France', tu stai a casa, io ho un impegno.»

E io, da sola mentre lui era fuori, di piatti di pasta ne mangiavo anche due, il mio e pure il suo. A non tradirmi mai era il frigorifero, e in fondo ogni amatriciana preparata a mezzanotte era un boicottaggio contro me stessa. Come se fossi scesa in guerra anch'io, ma dalla parte sbagliata.

Dopo essere stata un'anfora, mi stavo trasformando in lumaca, ma non per la lentezza. Avevo delle corna che solo io riuscivo a non vedere, grazie a quella straordinaria cecità temporanea che affligge alcuni innamorati.

«France', devo uscire, prestami qualcosa.»

Ingenua, io tiravo fuori il portafogli e gli allungavo cinquanta euro. Tra noi c'era stato un grosso malinteso, che non ero riuscita a chiarire: lui pensava che fossi ricca.

Sapeva che mio padre era un manager e lavorava per la Lazio, così aveva fatto due più due, sbagliando però il calcolo. Il problema è che spesso i ricchi si fingono poveri e viceversa, quindi lui restava della sua idea: la mia famiglia era solida.

Io stavo in casa come chiedeva lui, gli passavo soldi che non mi sarei potuta permettere di spendere, sopportavo la sua gelosia, i suoi tradimenti e persino tutto il corollario di banalità che vengono snocciolate in questi casi, dai: «Non è come credi» (a cui però raramente segue una spiegazione convincente per chiarire come stanno invece le cose) ai: «Ma tu sei speciale». E forse un po' speciale lo ero, perché se uno è normale certe cose non dovrebbe proprio sopportarle.

Persino mio padre, uomo di poche parole e incline a farsi i fatti propri, si era sentito di sbilanciarsi con un parere, quando gli avevo raccontato la situazione: «Per me questo è un paravento, però fa' come credi...» Dove «paravento» sta per uno che non è come sembra e nasconde qualcosa.

Invece resistevo stoica – «Ma no, che dici, papà, è un brav'uomo! Solo che è in un momento complicato, sai, il divorzio...» – convincendomi di ogni bugia. Poi mi consolavo a tavola o anche dopo, alla ricerca di risposte nel frigorifero, nel mezzo della notte.

«Che, non hai cenato?» chiedeva lui.

«Sì, ma ora cerco altro.»

E ho continuato a cercarlo per anni, in cucina. Intanto sono stata umiliata e tradita.

Ci ho messo anche del mio, decisissima a ignorare ogni segno, anche i più chiari. Come la donna che mi ha chiamata una sera per dirmi: «Guarda che io sto con lui da due anni e mezzo» (e non era la ex moglie, ma un'altra).

«Ah, bene, pure io sto con lui da due anni e mezzo», ho risposto, perplessa.

Lei ha continuato a cercarmi, finché l'ho pregata di cancellare il mio numero. Non avevamo molto da dirci: già la situazione era complicata, ci mancava il triangolo di recriminazioni.

L'intervento della donna sconosciuta, però, mi ha aperto gli occhi. Ignorare i tradimenti era diventato sempre più difficile. Ho cominciato a soffrire di stress, mi svegliavo di notte sentendomi soffocare.

«Basta, devi lasciarlo!» ricordo che urlava mia madre.

Aveva ragione, ma non sapevo come fare. E intanto soffrivo. Come altre volte, lo stress ha trovato il suo modo per esprimersi, attraverso il cibo. Dopo essere ingrassata, ho cominciato a perdere peso, perché neppure l'amatriciana poteva consolarmi. Diciamo che mi era passata la fame. Così ho perso diciassette chili, troppo impegnata a capire qualcosa sull'amore.

Non era poi così difficile

Se lui – Er Monnezza, l'amore sbagliato – l'avevo incontrato davanti a un panino allo stadio, le nostre sorti legate da qualche fetta di prosciutto, è stato ancora il cibo a separarci, indirettamente. È accaduto che dopo aver perso parecchi chili cominciassi a sentirmi male, ma proprio fuori forma, in un modo assolutamente non naturale se si hanno vent'anni. Quindi sono andata dal mio medico, che mi ha prescritto una lunga serie di analisi. Fogli alla mano, mi sono presentata di nuovo nel suo studio.

«Eh, no. Qui non va affatto bene», ha detto, perplesso.

«No, certo, quello l'avevo intuito.»

Poi mi ha guardata. «E come abbiamo fatto a far salire così l'omocisteina?» dove quel plurale in verità era un singolare tutto mio.

Non ne avevo idea. In effetti non sapevo neppure

cosa fosse, l'omocisteina. Me l'ha spiegato lui: si tratta di un ormone che il nostro corpo produce naturalmente. Finché rimane nella quantità giusta è tutto a posto, mentre se sale troppo diventa pericoloso. C'è un valore in particolare: 14. Sopra quella cifra c'è da preoccuparsi. E il mio 14,1 mi esponeva a una serie di rischi, tra cui la trombosi cardiovascolare.

«Potrebbe essere colpa dello stress», ha concluso il dottore, allargando le braccia come a intendere: «Questo però dovresti dirmelo tu».

Avrei potuto raccontargli di quella relazione tormentata con il sosia del Monnezza, ma a cosa sarebbe servito? Per certe cose non c'è un medico a venirti in soccorso.

«Che faccio?» ho chiesto allora.

Fortunatamente su quel fronte c'erano risposte.

«La curiamo con l'alimentazione», mi ha detto.

Sono uscita dal suo studio con la tabella di quello che potevo mangiare e che dovevo evitare. La relazione in cui mi ero incastrata mi aveva portata alla malattia e ora dovevo guarire passando dalla cucina.

Mi sono data una regolata e per cinque mesi ho seguito alla lettera le prescrizioni del dottore. Di più: ho anche preso le distanze dal Monnezza, l'uomo delle promesse non mantenute. E come era successo quando un altro medico, anni prima, mi aveva ventilato la minaccia del diabete, ce l'ho fatta di nuovo. Il valore dell'ormone è sceso e mi sono faticosamente guadagnata esami del sangue ineccepibili.

Per capire che non era amore ho impiegato un po' più di tempo.

Dopo tre anni insieme – dico insieme, ma bisogna un po' contestualizzare, perché poi c'erano anche altre – ci siamo lasciati.

Il culmine è arrivato alla fine di una vivace discussione telefonica, in cui io pretendevo di sapere dove fosse (e anche con chi fosse, già che c'era...) e lui sembrava deciso a difendere la sua libertà di andare dove gli pareva senza doverne rendere conto a nessuno.

Ho alzato la voce, ho insistito.

«Sono a casa, a Centocelle», ha ammesso alla fine, e chissà perché aveva voluto nasconderlo, come se trovarsi a casa fosse questo grande problema. Aveva fatto di peggio, a ben vedere.

Ho chiamato un taxi – «Centocelle, grazie» – e speso settanta euro per la corsa. Mi sono fatta portare davvero da lui, sono scesa e ho chiesto all'autista di aspettarmi.

«Fa veloce?»

«Rapidissima.»

Lui mi ha vista e mi è venuto incontro con l'aria di uno che vuole fare pace. Non ne vado orgogliosa, ma con parole piuttosto accese gli ho detto che tra noi era finita: esci dalla mia vita, mi hai persa per sempre. Poi mi sono voltata, sono risalita sul taxi e ho sborsato altri settanta euro per farmi riportare a casa.

Devo essere sembrata abbastanza fuori di me, perché mi ha presa sul serio e non mi ha più cercata.

Non paga, io comunque l'ho aspettato ancora, scivolando nell'ibernazione emotiva, quella condizione di finta morte per congelamento in cui finisce un cuore che deve proteggersi e superare un lungo inverno.

Non volevo nessuno. Magari cambia e torna da me, pensavo.

Non è successo. Per fortuna, aggiungerei.

Probabilmente lui confermava ogni mia idea sugli uomini: ingiusti, crudeli, incapaci di amare. Era quello che giura un amore enorme senza provarlo e dice di volere un figlio che non arriva mai: per prenderne le distanze ho avuto bisogno di tempo ed esperienza. Però poi ci sono arrivata.

Molti anni dopo lui mi ha chiamata. Voleva informarmi del fatto che mi amava ancora, dopo tutto.

«Ti amo, France'.»

«E io no», ho risposto.

In fondo, non era poi così difficile.

Nuovi problemi

L'AMORE che provavo per Er Monnezza assorbiva completamente le mie forze, quindi per stare con lui avevo tagliato i ponti, ma proprio tutti, compresi quelli che sarebbe stato meglio tenere. Avevo anche lasciato il lavoro in radio, un po' perché non stavo bene, un po' perché c'era quella cosa del «preferisco saperti a casa».

Tornata libera, ho trovato un lavoro in un call center, dove mi hanno assunta anche grazie alla mia voce, che al telefono sembrava rassicurante e gentile. In effetti lo era davvero: ho distribuito un gran quantitativo di abbonamenti illimitati. Era un lavoro con orari un po' strani, ma andava benissimo comunque.

Mi sono ricostruita, lentamente, e dopo un lungo periodo di lutto emotivo sono resuscitata. Non c'è una ragione precisa, non è successo qualcosa in particolare, nessuna epifania. Semplicemente, mi sono lasciata alle spalle il passato e ho cominciato a guardare al futuro.

Con quello spirito ho mandato via Messenger a Piero Chiambretti un video in cui imitavo Mara Venier e Simona Ventura, che in quel momento erano impegnate ne *L'isola dei famosi*. Ovviamente l'ho fatto dicendomi: Tanto non mi chiameranno mai.

Invece mi hanno chiamata.

Sono stata convocata a Milano, ho convinto gli autori e sono entrata nel cast di Chiambretti. La mia vita ha svoltato, perché ho ricominciato a credere in me stessa.

Spinta da quella fiducia, ho preso contatti anche con RDS e ho firmato un contratto pure lì. È stato un momento bellissimo, perché con i primi soldi guadagnati ho potuto cominciare a pagare le bollette e tutte le spese di casa, mantenendo me stessa e mia madre.

Il mio lavoro è diventato il mio amore, prima di ogni cosa.

Credo derivi da quel periodo la mia idea di non permettere mai più a nessun uomo di mettersi tra me e la mia carriera. Mi merito ciò che ho costruito e me lo tengo stretto.

Con il senno di poi, posso però dire che proprio in quei mesi è iniziato il *binge eating disorder*, un disordine alimentare totale, con momenti in cui non puoi contenerti e mangi di tutto, a cui seguono giorni di rigore e digiuno punitivo. E più il lavoro accelerava, più il caos cresceva.

Da *Amici Celebrities* in poi è stato un disastro: sentivo che quella era l'occasione di una vita – falso, perché di occasioni ce ne sono sempre altre – e avevo addosso aspettative esagerate. Solo che le aspettative generano stress e io affrontavo lo stress con il cibo.

Per dire come stavo: dopo aver saputo di essere entrata nel programma sono corsa a casa, mi sono chiusa in camera mia e ho cantato per otto ore tutti i brani possibili in italiano, inglese e francese. Poi ho pensato: E il portoghese? E via anche quello, appena prima dell'arabo. Dovevo essere pronta.

Ho registrato tutto e ho mandato il materiale all'autore televisivo.

«Hai cantato per otto ore?» mi ha chiesto.

«Sì.»

«Ma tu sei pazza.»

Ero spontanea, volenterosa, forte, decisa a dare il massimo.

La tensione emotiva era però insostenibile e i ritmi di lavoro abbastanza imprevedibili. Perciò mangiavo tanto, specialmente pizza, panini, cioccolata e salame.

Poi sono arrivata a *Enjoy - Ridere fa bene*, su Italia 1. E mentre ero in trasmissione mi hanno telefonato per darmi la notizia che mi ha costretta a guardare indietro e poi anche avanti: «Francesca, hai un tumore».

Il secondo dietologo non si scorda mai

Un Rino Tumo arriva per infinite ragioni che non potrai mai conoscere con esattezza, quindi è inutile cercare di rispondere alla domanda: «Perché?»

Però nel mio caso i medici si sono sentiti di dire che probabilmente anni di regimi alimentari sregolati, di pastasciutte a mezzanotte, pizze alle quattro del pomeriggio e «Taglia due fette di salame, va'», non avessero aiutato a mantenermi in salute.

Tra me e il cibo si era consumata una lunga battaglia, e il mio corpo era la vittima principale. La mia prima dieta, l'anoressia, la bulimia e poi il *binge eating disorder*.

Nel bene e nel male i dietologi sono diventati uomini importanti nella mia vita.

Come il mio secondo specialista dell'alimentazione. Se il primo era quello dei miracoli, questo aveva la faccia di Pasolini e la voce di Funari. Occhi profondi, lineamenti marcati, capelli neri e folti, aria da intellettuale, da padre, da guida spirituale capace di discernere il bene dal male. Studio ai Parioli, ottima reputazione, professionista affermato. Tanto affermato che la prima visita costava centocinquanta euro e quelle successive scendevano un po'.

Ma lui li meritava tutti, quei soldi.

«A France', ce la devi fà.»

«A France', non devi mollà!»

«Tu sei forte, France', devi lottà.»

«Insisti!»

«Concentrati, datti da fare, hai ogni risorsa già dentro di te!»

«Qualche piccolo errore può capitare, ma quelli grandi devi eliminarli!»

Mi scriveva questi incoraggiamenti, motivandomi a resistere e ad attenermi alla dieta che mi avrebbe permesso di riacquistare la fisicità richiesta dalla parte che avevo ottenuto in un film cui tenevo davvero molto, diretto da un regista che per me era un mito, un punto di riferimento, un maestro: Carlo Verdone.

Quando ho ricevuto la chiamata del *casting director* – «Buongiorno, Carlo vorrebbe vederla domani» – mi si sono attivate aree del cervello che neppure sapevo di avere.

Poi i neuroni si sono riallineati: «Domani ho un impegno a Milano», ho detto con disinvoltura, facendo quella che «Certo, un casting con Verdone, ora controllo l'agenda». «Oggi si potrebbe fare?» ho rilanciato.

«Verifichiamo», è stata la risposta.

Mi hanno richiamata poco dopo. «Ce la fai a essere qui tra un quarto d'ora?»

«Ma certo, arrivo immediatamente, ditemi dove e in dieci minuti sono lì.»

Solo che «lì» non era raggiungibile in dieci minuti. In effetti, a Roma in media quel tempo serve ad arrivare a piedi alla fine del tuo isolato, non vai molto più lontano. Così mi sono fiondata fuori casa convinta di chiamare un taxi, solo per scoprire che quel giorno era stato proclamato sciopero nazionale della categoria. «Nazionale» significava catastrofe, cioè che non avrei potuto farne arrivare uno neppure da un'altra città, metti che avessi trovato uno disposto ad aiutarmi da Velletri. Quindi non mi è rimasta che l'opzione B, cioè raggiungere la più ampia strada di scorrimento del quartiere e sollevare l'indice. Esatto, ho fatto l'autostop.

Un tizio si è fermato immediatamente, probabilmente per verificare che non fosse necessario avvisare le autorità sanitarie della presenza di una donna in stato confusionale sulla Tiburtina.

«La prego, ho un provino con Carlo Verdone tra dieci minuti, mi serve un passaggio!»

L'uomo ha accettato di accompagnarmi, anche perché intanto io avevo già aperto la portiera e mi ero seduta accanto a lui. Immagino avesse creduto che fossi matta e fosse quindi più prudente assecondarmi.

Di corsa ho raggiunto Carlo, e lui mi ha guardata con flemma: «Metti gli occhiali...» Ho eseguito, ovviamente. E poi: «Togli gli occhiali... Perfetto, funziona».

Aveva visto quel che gli serviva.

Dovevo perdere otto chili per quel personaggio, una cosa che a un attore accade: pensate a Tom Hanks che per *Cast Away* è diventato tutto muscoli e poco altro. O anche a Jared Leto, che è dimagrito diciotto chili per *Dallas Buyers Club*, e a Natalie Portman, trasformata in una ballerina per *Il cigno nero*. Io avrei interpretato una donna disinibita e amante del sesso, bellissima e molto consapevole del potere seduttivo del suo corpo.

Vabbè, perdo qualche chilo e poi al limite lo ripiglio, mi sono detta.

Che poi dimagrire non è stata nemmeno la cosa più assurda che ho fatto per quel film. Si raccontavano le meraviglie e le contraddizioni del *dating on line* e il copione prevedeva che infilassi un cellulare nelle mutande. Ma non solo nelle mutande, ancora di più. E nel primo ciak – così, per mettermi a mio agio – Carlo avrebbe dovuto parlare con me. Non con me in generale, però, proprio con la mia lei anatomica.

Ho riso, tantissimo. Perché se ti trovi Verdone che

discute con la tua vulva superi l'imbarazzo e passi direttamente all'ilarità.

Per incarnare sullo schermo la donna sexy che infila telefoni nelle parti intime mi sono messa nelle mani di quel Pasolini della medicina. La sua dieta era artisticamente scritta a mano e prevedeva – non troppo sorprendente, vero? – verdure e pollo.

«Uno spuntino lo puoi fa', ma solo uno, non due! Sennò molli, e tu non devi mollà», mi aveva messo in guardia.

In effetti, dopo la fettina di pollo, ammetto che la tentazione di farsi un paio di spuntini c'era.

Per trattenermi dallo sgarro c'era lui, che viveva la dieta come una guerra: farcela o soccombere allo zucchero e al carboidrato! Sembrava l'allenatore di Rocky Balboa, «Mickey» Goldmill, solo più bello.

«Credi in te, France'!»

«Fammi vedere chi sei.»

Io però non avevo un'Adriana a scaldarmi il cuore (Adriana ero io; questo il nome della protagonista che portavo sullo schermo). L'uomo che frequentavo a quei tempi non si impietosiva davanti al mio piatto di carote lesse e bresaola: «Se stai a dieta tu non sto a dieta pure io».

Che aveva anche una logica, come presa di posizione; mancava però di empatia.

Lui mi mangiava davanti, cogliendo anche l'occasione

per farsi una risata: «Buona questa pasta, peccato che non puoi mangiarla».

Io resistevo, impassibile. E intanto sognavo il salame, la carbonara, la cioccolata.

Ho tenuto duro, perso i chili che andavano persi e recitato la mia parte nel film. E ne è valsa la pena, eccome, perché Verdone per me era *il* maestro.

E poi lo conoscevo molto bene come regista, e questo sul set mi ha aiutata.

«Posso improvvisare?» chiedevo in alcune scene.

Avevo il suo ok.

Davanti alla macchina da presa è andata alla grande, fuori è stato un po' più faticoso, perché avevo fame. Guardavo i pasti del catering e pensavo alla pizza.

«A France', mangia bene, che poi starai meglio», mi diceva Carlo. Saggissimo, molto più di me.

Io più che altro contavo i giorni che mi separavano dalla fine del «regime pasoliniano», quando avrei potuto tornare alla mia normalità.

E poi è arrivato, finalmente. Non l'incontro sul box con il mio avversario come Rocky, ma il termine delle riprese. E anche il momento più desiderato, cioè il pranzo della conferenza stampa con Verdone e De Laurentiis al *St. Regis* di Roma. Tra giornalisti, produttori e ospiti, tutti hanno voluto dare prova di pacatezza culinaria, ordinando fesa di tacchino e insalata, magari due verdure alla griglia.

Chissà perché in certi pranzi di lavoro sembra quasi sconveniente mangiare una pasta, una cotoletta con patate, un piatto di lasagne. Come se il carboidrato fosse indice di demerito e debolezza, mentre l'insalata restituisse un'immagine di noi migliore: guardami, mangio due foglie di lattuga e ancora sorrido!

C'è da dire che la combo carne bianca + verdure era lo stile prevalente nei giorni di riprese, e c'era pure un motivo. Le giornate sul lavoro possono essere parecchio intense e se a pranzo ti fai una porzione abbondante di pasta al forno, il pomeriggio ti addormenti dietro la macchina da presa. Perciò «equilibrati» era l'aggettivo che meglio descriveva i pasti, ed era giusto così. Ma io restavo idealmente ragazza da amatriciana.

E al *St. Regis* non ce l'ho fatta più. Non ho nulla contro il pollo alla griglia, ho un sacco di amici che lo mangiano, ma io volevo un piatto di pasta. Condita come si deve. E poi anche un secondo, per una volta, e un calice di vino.

«Ammazza, France'.»

Avevano ragione loro, i saggi, quelli che fissano il cameriere negli occhi, sorridono e chiedono il filetto d'orata al forno. Nel pomeriggio sembravo più che altro Rocky nei suoi momenti peggiori, dopo che Apollo l'ha steso con un rovescio e lui barcolla con gli occhi fissi nel nulla.

«Te l'avevo detto», è stato il commento di Verdone.

Carlo ha sempre ragione.

Poi ho salutato caldamente il dietologo Pasolini e sono tornata felice al mio regime alimentare di prima: bistecca a mezzanotte, pane e salame e ancora pane e cioccolata. E quattro cornetti al mattino con l'espresso al bar, un tramezzino a metà mattina, a pranzo antipasto, primo e secondo. E il giorno seguente digiuno, solo acqua che mi sento gonfia.

Per me non esistevano pasti: ogni volta che avevo un languorino, *voilà* il frigo. Era la celebre e seguitissima dieta definita dagli esperti *a cazzacci miei*.

Fuori di testa

In verità, con Verdone è iniziato tutto prima di *Benedetta follia*. Ma c'è stata follia anche nel nostro primo incontro, avvenuto anni prima del set.

Era sera, tornavo da Napoli dove avevo fatto la parodia di Carla Bruni. Lavoravo in radio, e sul treno che mi riportava a casa ascoltavo la colonna sonora di *Sono pazzo di Iris Blond*. Mi sono sempre immedesimata tantissimo nel personaggio interpretato da Claudia Gerini: quella ragazza spaesata, disorientata, senza guida, in balia di se stessa e degli eventi in pratica ero io. Ed ero io anche la donna di *Stasera a casa di Alice*. Insomma, Carlo parlava di me.

Dopo due ore di musica ho sentito l'esigenza interiore di ringraziare di persona il maestro, con cui percepivo una forte comunanza umana, avendo lui raccontato senza saperlo così tanto della mia stessa vita. E quell'esigenza potevo anche soddisfarla, perché a Roma non è impossibile scoprire dove abita un regista, se davvero vuoi saperlo. L'indirizzo di Verdone me l'ha dato un amico attore, che lo conosceva per via di un lavoro appena concluso con lui.

Quando il treno è arrivato a Termini, ho pensato di andare direttamente a rendere un tributo al mio regista preferito. Con ancora la colonna sonora nella testa sono arrivata sotto casa sua, dove ho trovato il portone aperto, quindi sono salita e ho suonato il campanello. Così, semplicemente.

E gli ho fatto venire un infarto, metaforicamente parlando, perché trovarsi davanti una sconosciuta arrivata per dirgli quanto avesse amato i suoi film l'ha terrorizzato.

«Lavoro in Rai!» ho detto allora, nel tentativo di tranquillizzarlo.

E quell'informazione l'ha ulteriormente preoccupato. «Giornalista?» Ha pensato che mi fossi presentata di sorpresa in cerca di qualche scoop, povero.

«No, no, faccio le imitazioni.»

«Non è così che si fa, però», ha detto serio ma non severo, mentre io cominciavo a piangere, emozionata e anche scossa dalla reazione che il mio arrivo aveva suscitato e in preda a una tachicardia sempre più violenta. «Si porta un provino, qualcosa...»

Carlo si era convinto che fossi in cerca di una parte in qualche suo nuovo film. Non era vero neppure quello, ma evidentemente la realtà – solo un'appassionata di cinema che vuole ringraziare un regista che stima – sembrava troppo poco plausibile.

«Volevo solo conoscerla, adoro i suoi film.»

Davvero, volevo soltanto parlargli, esprimergli la mia gratitudine per quel che aveva fatto, dirgli che grazie a lui e ai suoi personaggi avevo capito molte cose di me.

Carlo è un uomo intelligente e fondamentalmente buono, quindi è finita in una chiacchierata sul cinema. Nonostante lo spavento, è stato comunque gentilissimo. E mi ha salutata con un: «Buona fortuna».

Va bene, andare a casa del mio regista del cuore era una follia. Ero fuori di testa, in quel periodo. Altro che diversa da loro...

La storia di quella giovane che si era presentata alla sua porta per ringraziarlo è girata poi nel mondo del cinema, e anni dopo, quando ho recitato in *Benedetta follia*, lui ricordava ancora il nostro primo incontro.

«E come stai France', ora? Stai meglio, sì? Sei cresciuta, cose del genere non le fai più, vero?»

Evidentemente la ragazza che suona il campanello è quella sbagliata per molte cose, ma è quella giusta per interpretare una donna un po' sopra le righe, con un cellulare nelle mutande.

Rino Tumo

Io che suono alla porta di Verdone per ringraziarlo di esistere dà un'idea di come stessi in quel periodo. Bene ma non benissimo. Ed è stato anche – non posso dire esclusivamente – il caos, il disorientamento, il disordine che regnava nella mia testa e nelle mie abitudini alimentari a portarmi a quel giorno di molti anni dopo, quello della brutta notizia.

Ero nei camerini e mi stavo preparando per la trasmissione, quando il telefono ha squillato. Era la mia ginecologa. Perché mi chiama a quest'ora, ho pensato appena prima di rispondere.

«Francesca, hai un tumore e dobbiamo operare subito», mi ha detto al telefono.

Non è vero, dai. Deve esserci un errore, ho pensato.

Poi ho cominciato a dirlo a tutti: agli autori, al parrucchiere, a tutti i colleghi che incontravo. «Ho un tumore, devo operarmi.»

Sono andata in scena comunque, cosa dovevo fare.

La malattia arriva quando vuole, non chiede di essere messa in agenda. Sicuramente quella puntata l'ho fatta male, ridevo e poi uscivo di scena e piangevo dietro le quinte, poi rientravo e ridevo di nuovo.

«Ora pensa esclusivamente a ciò che è necessario», mi ha scritto Carlo Conti. Un buon consiglio, in effetti. Una cosa su cui non avevo mai davvero riflettuto.

Mi sono operata.

Il mio compagno dell'epoca era solido e razionale, così razionale che persino nella malattia vedeva una logica. Io ero: «Oddio, il cancro!» Lui invece era: «Succede, è una delle eventualità della vita, ci si cura e si va avanti». Mi è stato vicino a modo suo, anche se forse io avrei preferito che lo facesse a modo mio.

Le parole più belle me le ha dette l'oncologo che mi seguiva, il giorno in cui mi hanno dimessa: «Hai avuto la fortuna di poter continuare a vivere. Ora sta a te scegliere di rimetterti in forma».

Sapevo che aveva ragione, però ero un'anima in pena, avevo lo sguardo di Checco Zalone di fronte alla Madonna, ma con tre centimetri di collo dell'utero asportati.

Volevo fare la scelta giusta, ripartire da me, diventare una persona migliore, scegliere la vita (come dicono all'inizio di *Trainspotting*). È che ancora non sapevo esattamente come.

Gli uomini sbagliati

Dopo il tumore c'è stato un giorno in cui ero a casa, mi sono guardata allo specchio, nuda, e mi sono vista. Quello era il mio corpo e lo avrei accettato e rispettato, nonostante i tantissimi uomini che avevano avuto qualcosa da dire. Incredibile quanti di loro, nella mia vita, si siano sentiti liberi di esprimere opinioni e pareri non richiesti.

C'è stato quello che dopo il sesso, io e lui ancora abbracciati, mi ha guardata serissimo – Adesso mi dice che mi ama, ho pensato, sistemandomi una ciocca di capelli dietro l'orecchio –, si è schiarito la voce e ha osservato: «Ma lo sai che hai la testa a forma di cocomero?»

Non ho mai capito cosa intendesse esattamente e sono disposta a non chiarire la questione. E poi chissà perché cocomero e non palla da rugby. La metafora tornava sempre al cibo, curiosamente.

Come l'altro, l'amante che mi propose la sua affascinante teoria secondo cui un'alimentazione a base di würstel avrebbe contribuito a migliorare le mie performance a letto. O quello che dopo il sesso aveva fame e pretendeva di mangiare un hamburger (rigorosamente quello), ancora tra le lenzuola.

Qualcuno dopo l'amore scherzava: «Ma guardati!» Come se non mi conoscessi...

E poi gli incerti: «Sei bellissima, no sei obesa, anzi no sei bella come sei».

Ho incontrato anche chi usava il giudizio per esercitare possesso, con i suoi: «Tanto solo io posso prenderti così come sei, non piaci a nessuno», un contorto modo per renderti incerta e quindi succube.

Ricordo quello che mi ha abbracciata forte, poi si è bloccato e mi ha detto: «Mangia bene, fai la paleozoica».

«Che cos'è?»

«Una dieta.»

«Ma pensa a far l'amore con me, che i paleozoici li facciamo insieme.»

Era l'una di notte e secondo lui avremmo dovuto concentrarci sulla dieta.

E poi c'era quello che: «Cieschella, perché non andiamo a farci una birra e una porchetta, che ti piace tanto?» mentre io mi aspettavo altro, tipo un momento di intimità. Davanti all'uomo che mi invitava a mangiare male invece di propormi una seduta a due dal dietologo, pronto a essere complice dei miei vizi alimentari, io soffrivo perché mi aspettavo una dimostrazione d'amore di altro tipo. Sempre fuori sintonia, su due pagine diverse dello stesso libro.

Ho conosciuto uomini che hanno cercato di mettermi a mio agio «nonostante il mio peso», e dietro i loro: «Mi piaci» spuntavano sempre consigli non richiesti, «Ma solo per la salute, eh! Mi preoccupo di quella...» Poche cose mi suscitano più fastidio. Ho rifiutato molte proposte di: «Conosco un ottimo nutrizionista», replicando con rabbia. La mia filosofia era chiara: se mi accetti così come sono, bene. Altrimenti, addio.

Sono fatta così, mi dicevo.

Mi trovavano in cucina, di notte. «Ma mangi a quest'ora?»

«Sì, perché?» rispondevo con tono di sfida. Amami anche con le mie maniglie dell'amore, se ci riesci. Pure se mangio pane e formaggio prima di andare a dormire, e poi anche un biscotto, anzi due. Amami anche se le mie morbidezze sono al tempo stesso le mie debolezze, persino se mi rifiuto di discuterne.

Che era giusto, ma anche sbagliato. Avevamo torto tutti, io a barricarmi dietro il mio: «Sono fatta così», e loro a volermi cambiare.

In fondo, accettarsi non dovrebbe mai diventare una scusa per non migliorare. Meritavo di più.

Ti amerei anche se pesassi duecento chili

Ora, non vorrei dare l'impressione del totale disastro affettivo, del naufragio sentimentale alla *Titanic*, un transatlantico di emozioni contro un iceberg gigante. No, ho avuto anche relazioni che nella scala internazionale del disagio si collocavano nella categoria del «normale».

Uscita dalla mia ibernazione emotiva, mossi i primi passi nella carriera artistica, e diventata economicamente indipendente ho persino conosciuto uomini solidi, maturi, fedeli, capaci finalmente di propormi una situazione alla «io provo qualcosa e tu ricambi», assestati su questa linearità pulita e semplice.

Poi vero è che la normalità rischia di prendere pieghe inaspettate. Proprio dietro la normalità amano nascondersi storture di varia natura.

Io me ne sono accorta dopo, perché mentre le vivevo

nessun campanello d'allarme è mai suonato, ahimè. Ve l'ho detto all'inizio: impiego un po' a capire, io.

«Mamma mia, come sei gonfia, ma io ti prenderei anche se pesassi duecento chili e facessi la fruttivendola.»

Questa per esempio è una delle dichiarazioni d'amore che mi ha fatto uno dei miei uomini «solidi», e probabilmente spiega anche perché poi, quando la relazione è finita, ero così sensibile alla gentilezza.

«Mamma mia, come sei gonfia», per evitare parole più offensive. Solo una constatazione, eh, nulla di più. Una frase pronunciata perché teneva a me, che sgorgava spontanea dopo avermi guardata. Quasi un gesto d'affetto. E poi, quel «mamma mia» di sorpresa, perché non se lo aspettava, da me.

E dopo avermi affossata, ecco la ricompensa emotiva: «Ma io ti prenderei anche se pesassi duecento chili». Sottotesto: perché sono un uomo dall'amore immenso e generoso. Era una persona tanto buona, ma forse un po' indelicata, infatti insinuava che amare una donna di duecento chili fosse un sacrificio. Una prova dura, che lui però avrebbe potuto superare per me.

Come se l'amore fosse proporzionale al peso: per una taglia 40 serve un amore di dimensioni discrete, ma sopra la 46 fermi tutti, è necessario un amore di dimensioni extra. Una teoria certamente interessante, in cui però fatico a riconoscermi, in tutta onestà.

Sull'accenno alla fruttivendola c'è poco da dire e

forse preferisco non esprimermi. Non so che problema avesse con chi vende frutta e verdura, non abbiamo mai avuto disguidi con i fornitori di ortaggi.

In ogni caso, pur con perplessità, accettavo quelle manifestazioni d'amore. Con un meccanismo selettivo di difesa, sentivo il: «Ti amo» e dimenticavo velocemente il resto.

Diceva di amarmi, e intanto preparava manicaretti. Stava spesso in cucina, era un po' il suo regno; era bravo, in effetti, aveva talento.

Strano destino, il mio, in cui il cibo ricompare sempre. I miei sentimenti soffrivano di instabilità e dal cuore risalivano l'esofago verso le papille gustative e poi scendevano di nuovo giù, nello stomaco. Quindi eccomi con un fidanzato ai fornelli, impegnato a servire arrosti e peperoni ripieni, un tripudio di colesterolo e grassi saturi, sapori forti che si impongono, ed è difficile declinare l'offerta di un bis. Tutto buonissimo, ci mancherebbe. Però scomodo, se il peso è un tuo tema e tendi al disordine alimentare.

Se ripenso a me stessa in quel periodo, in effetti mi vedo gonfia, grossa, piena di un amore che non trovava modo di esprimersi. Amavo quell'uomo e mi aspettavo di essere ricambiata, perciò provavo a fargli notare che duecento grammi di amatriciana forse per me erano troppi, una tentazione più grande della mia buona volontà.

«Magari questa sera mi fai una minestra, che dici?»

Nessuna minestra. Lui era un altro di quelli della serie: «Se sei a dieta tu mica devo essere a dieta anch'io». Inutile precisare che mai gli ho chiesto di mettersi a dieta per me, ma tant'è.

Evidentemente per qualcuno cucinare è una manifestazione di potere a cui è difficile rinunciare: secondo lui, io dovevo mangiare tutto quello che metteva in tavola.

Almeno non ha mai cercato di cambiarmi fisicamente.

Erano altri gli aspetti su cui sfoggiava il suo senso critico.

Vivevamo a casa mia, lui preparava i pasti e io facevo la spesa. Un'operazione apparentemente semplice, di cui però sembravo non essere all'altezza. Uscivo convinta di poter andare al supermercato, vagare per le corsie e mettere nel carrello ciò che credevo. Invece non era possibile farlo. Tornavo con le borse piene di cibo pagato da me, le posavo in cucina, lui arrivava, dava un'occhiata ai miei acquisti e controllava lo scontrino: «Con quattro euro potrei cucinare per una famiglia di quattro persone. Ma quanto spendi?»

A suo parere non ero abbastanza oculata, anzi ero poco attenta e incline a farmi imbrogliare. Insomma, mi accusava di non saper gestire le mie finanze e dispensava lezioni di vita sull'argomento.

Siamo stati insieme circa un anno ed è stato stressante. Ovviamente me ne sono accorta dopo, benché ci fossero segni piuttosto eloquenti: avevo ricominciato a fumare – una cosa che odio, mi detesto quando fumo – e a bere.

Oddio, scrivere che avevo ricominciato a bere può far venire in mente l'immagine di me attaccata a una bottiglia, impegnata a riflettere su come sarebbe stata la mia vita da fruttivendola. Nulla del genere, in verità. Si trattava soltanto di un calice di vino a cena, un cocktail all'aperitivo. Ma non è solo la quantità a fare la differenza, lo sono anche le ragioni che si celano dietro un semplice bicchiere di rosso. Io bevevo per smettere di sentire, che non è mai una buona ragione.

Pure quello ha contribuito a gonfiarmi, oltre all'amore e ai peperoni ripieni. Così, un giorno ho deciso di tornare in quella landa ormai a me tanto familiare, quella della dieta.

Ci ho provato, ma è durata pochissimo. Avevo la testa troppo impegnata a dare un senso alla relazione che stavo vivendo per controllare anche le calorie di ogni pasto. A peggiorare le cose è arrivata infatti la Grande Prova. Un fulmine a ciel sereno, un inaspettato, enorme problema. Un giorno mio padre è venuto da me e ha detto: «Devo vendere la casa».

Un momento manziniano

In pratica – inutile girarci intorno –, papà voleva vendere l'appartamento di famiglia. Aveva bisogno di liquidità e quella per lui era l'unica soluzione possibile.

Le sue ragioni erano abbastanza semplici da comprendere: la casa era sua, l'aveva comprata lui, l'aveva lasciata anni prima, permettendo a me e a mia madre di restarci, ma ora ne aveva bisogno. E noi dovevamo provvedere a noi stesse, trovando un'alternativa.

Solo che tutto è iniziato con la telefonata di un avvocato che mi ha comunicato che dovevo liberare l'appartamento.

«Scusi, ma lei chi è?» ho chiesto.

Era imbarazzato pure lui, e alla fine me l'ha detto: di casi del genere ne aveva ovviamente già visti, ma mai gli era capitato di mettersi tra padre e figlia in quel modo.

«Veramente è casa mia...» ho tentato.

«Veramente non lo è.»

Non era solo una proprietà immobiliare, quella. Era l'appartamento in cui vivevamo da sempre mamma e io, quello che papà aveva lasciato quando avevano divorziato. In quelle stanze ero cresciuta, avevo sofferto ed ero stata felice. Era il mio posto nel mondo, e io rischiavo di vedermelo portare via. Ma sull'atto di proprietà c'era il nome di mio padre, solo quello. E lui aveva i suoi motivi, che non intendeva neppure discutere con noi, per ragioni che – anche quelle – dovevano restare esclusivamente sue.

Così la casa è stata messa in vendita, punto. Dove saremmo andate io e mia madre non era un suo problema. Per me è stata durissima, mi sono sentita crollare, ero a pezzi.

E mentre tutto questo accadeva, il mio compagno stava in cucina a spadellare e dispensava consigli, come se stesse assistendo a uno spettacolo interessante e un po' assurdo. Diventava avvocato, notaio, esperto immobiliare o psicologo, a seconda del momento. Ricordate: ai suoi occhi ero quella poco capace di gestire i soldi, quindi lui si trasformava nella mia Figura Paterna di Riferimento, benché io non l'avessi affatto chiesto.

Da lui non mi aspettavo alcun aiuto economico, perché per una volta non volevo uomini di mezzo, ma un sostegno morale sì, quello me lo sarei aspettata. Invece il Cuoco si limitava a lanciare dalla cucina pareri non richiesti, uno dei quali era di lasciarmi coinvolgere meno da tutta quella faccenda, di viverla in modo più distaccato. Quando piangevo la sera pensando all'eventualità di perdere la casa, lui mi spronava a essere forte.

Piangere non serve a nulla, è vero.

Poi sono venute fuori le ragioni di quell'appello alla forza: «Ho bisogno di una vera donna al mio fianco», ha detto.

Non ho mai capito che cosa ci fosse di finto nel mio essere attonita e disperata. E poi, credo che lui non avesse del tutto chiaro in testa che genere di persona si aspettava che fossi, perché mi voleva forte ma anche debole, in base alle diverse situazioni, neanche avessi un interruttore d'intensità collegato con il cervello.

È finita che, tra un abbacchio e un carciofo fritto, lui ha capito che non lo rendevo più felice. È legittimo, ci mancherebbe. Non auguro a nessuno di sacrificarsi per gli altri, nemmeno per amore. Solo che lui aveva un'idea abbastanza precisa in mente, e non si trattava di un semplice: «Ti lascio». No, era un piano più complesso e raffinato, un'analisi costi-benefici con interessi spalmati nel tempo che neppure il mio consulente finanziario avrebbe saputo produrre.

«Facciamo che me ne vado e torno quando stai meglio», è stata la sua proposta.

Allora ho aperto gli occhi e l'ho visto per quello che era: un uomo con le sue fragilità, i suoi limiti, le sue paste all'amatriciana e la cipolla che sfrigola. Ho visto i suoi tentativi di farmi cambiare idea su molte cose, compresa la mia famiglia, l'ammirazione che in fondo provava per me e per il mio lavoro e la reticenza ad ammetterlo, il desiderio di vedermi debole e pure un po' sottomessa. Ho visto l'egoismo e il senso di competizione che provava nei miei confronti.

Mi sono resa conto che a ogni mia obiezione, a ogni tentativo di spiegarmi, lui rispondeva con un: «E allora, tu?»

Lui cucinava, sentendosi forte. Io scivolavo verso il vizio, ripulivo il piatto facendo scarpetta e mi sentivo sempre meno padrona della mia vita. Forse sapeva preparare un pasto per una famiglia di quattro persone con quattro euro, ma di sicuro non era in grado di darmi ciò di cui avevo bisogno, quel che mi aspettavo da una relazione.

È bastato pochissimo: appena ha lasciato casa mia – quella che era sempre rimasta mia, perché l'ipotesi di perderla non l'ha mai turbato – ho cominciato a perdere peso.

Mi è scivolato via di dosso tutto, e sono tornata me stessa.

Ho capito anche che non potevo tollerare un trasloco e ho deciso di lottare. Ho parlato con bancari, consulenti e notai, ho fatto di tutto per tenere quell'appartamento. Era un grosso impegno economico, non era affatto detto che ce la facessi.

Invece ce l'ho fatta.

Il mio successo ha preso la forma di un debito con la banca. Il mio primo mutuo, un impegno che a mio parere potrebbe qualificarti come «donna vera». È stata una responsabilità per la vita, presa in un giorno indimenticabile, il 5 marzo. Due mesi prima del manzoniano 5 maggio, ho avuto un poetico momento manziniano.

A mio padre ho detto: «È bello che tu non sia morto e che questa cosa la stiamo facendo da vivi, ed è bello che per una volta ci siamo trovati tutti d'accordo».

E lui: «Sei stata proprio brava».

Credo che la mia sia stata un'idea pratica, capace di risolvere i nostri problemi. Papà ha avuto i soldi, mamma una casa e io mi sono riappropriata di un pezzo della mia vita. Solo in seguito ho scoperto che mio padre era stato malato e quindi i soldi gli servivano davvero, ma questa è la sua storia e non la racconteremo qui. C'è da dire che non era stato bravissimo a gestirla; aveva le sue ragioni, però sul fronte della comunicazione era stato carente.

Il tempo ripara molte cose, per fortuna. Oggi il rapporto tra me e i miei genitori si regge sul rispetto e sulla correttezza. Ogni tanto mamma comincia: «Ah, tuo padre», e lui: «Ah, tua madre», ma non c'è più animosità, solo affetto. Entrambi hanno una nuova vita, quella che meritano.

E ora sull'atto di proprietà della casa c'è il mio nome.

Sono successe troppe cose in quell'appartamento per lasciarle andare. Sono come l'investigatore Poirot: devo tornare sul luogo del delitto, tra le quattro mura dove ho lottato e sono cresciuta, per farci pace.

Ho anche abbandonato una vecchia abitudine che denotava una certa irrequietezza: cambiavo spesso i mobili, perché li associavo alle persone e ai periodi che vivevo. Ora ho smesso. È tutto parte della mia vita e lo accetto.

Ascoltare le paure

È COME se avessi sempre viaggiato con un ospite clandestino a bordo. Ho pedalato con un peso in più sul portapacchi, senza saperlo. Sentivo una presenza ingombrante, ma ho impiegato parecchio tempo per coglierla in flagrante e vederla.

Trovare una scusa per giustificare è fin troppo semplice: lo stress, la fatica, la vita sul set, devo svegliarmi prestissimo, una delusione d'amore.

C'è sempre qualcosa che può spiegare una pizza a mezzanotte.

Non voglio certo trasformare una prosciutto e funghi nel simbolo del male. Il problema non è nemmeno «primo, secondo, contorno e dessert» seguito dal digiuno del giorno dopo, ma il significato che aveva per me. Invece di aprire il mio cuore e confrontarmi onestamente con i miei sentimenti, io aprivo il frigorifero. O lo chiudevo, a seconda dell'esigenza. Come se mangiare e digiunare, affamarsi o trovare consolazione in un piatto di pasta fosse un linguaggio segreto con cui poter comunicare con il mondo.

Poi, come spesso accade con quello che diventa normale, ho proprio smesso di vedere il problema.

Non ho mai dato peso né importanza ai disturbi alimentari, benché fossero spesso loro i protagonisti di tanti momenti della mia vita: successi e insuccessi, desideri frustrati, gratificazioni, momenti felici e difficili, salite e discese. C'era sempre quel compagno che mi portavo appresso, un grillo parlante in modalità silenziosa, con la vibrazione inserita. Dimagrivo e ingrassavo e viceversa; se solo avessi saputo leggerlo, avrei chiaramente visto l'*alert* che mi avvisava che qualcosa non stava andando come sarebbe dovuto andare.

E in quella mia cecità io ero disordine, impulsività, istinto. Il cibo era lo sfogo, il mio modo contorto per esprimere emozioni e stati d'animo.

Mi innamoravo e non mangiavo.

«È la volta buona che dimagrisci, ti metti in forma per uno. Sennò scappa, eh», mi diceva mio padre.

E le amiche: «Stai bene, magra: vedrai che ti trovi un fidanzato».

E io, sempre ottimista: «Ma agli uomini piaccio così come sono, naturale».

«Sì, può piacere la donna naturale, però ti stanno venendo due braccia che paiono due birilli.»

«E giocheremo a bowling.»

Iniziavano i problemi con lui – non importa chi fosse – e mi consolavo a tavola.

Davanti alle grandi sfide di lavoro, quando sapevo di dover dare il massimo, mi sentivo schiacciata dalle aspettative, e allora c'era la pizza ad aiutarmi. Poi però: *Oddio, mi sento gonfia...* e allora due giorni ad acqua e grissini.

Sempre stretta tra voglia di mangiare e diete.

C'è quella con l'approccio matematico, che assegna un punteggio a ogni alimento e tu ti ritrovi a fare attentamente i conticini per non soffrire la fame, messa continuamente di fronte a decisioni difficili: meglio un uovo sodo ora o una fettina di pollo alla griglia più tardi?

Poi c'è la dieta che mira a far cavalcare il metabolismo, a lanciarlo al galoppo con un equilibrio magico tra carboidrati, zuccheri e proteine, da assumersi in percentuali precisissime e da distribuire nel corso della giornata in modo che tra un pasto e l'altro passi sempre un periodo di tempo che sia divisibile per pi greco e multiplo di un numero primo composto. In pratica mangi di continuo, con spuntini e pasti a scandire la giornata, e organizzare l'alimentazione è un impegno tale che solo per quello bruci calorie. L'alternativa è trasferirti direttamente in cucina, seduta al tavolo con un cronometro davanti, ad aspettare la successiva merenda a base di carote e sedano rapa.

Quella dieta con me non ha mai funzionato, troppo impegnativa. Meglio allora il regime alimentare basato sulle proteine, che almeno ti alzi la mattina con un caffè e tre uova fritte. E poi: bresaola a pranzo, pancetta a merenda (ma anche ostriche, senza esagerare), trota salmonata a cena. Ma pure quaglie e fagiani a volontà, tacchino e pollo come ospiti fissi, oltre a vitello, agnello e persino struzzo e halibut, il tutto accompagnato da cicoria, cetrioli e germogli di soia. Sono arrivata a sognare un piatto di pasta condito con la peperonata, ma almeno con questa dieta raramente hai fame. È più facile che tu non ne possa più della bresaola e lasci il piatto a metà, perché tutto dentro di te urla: «Carciofo fritto, vi prego».

Sembra assurdo?

In amore e in dieta vale tutto, non ci sono regole.

Infatti, dopo la dieta halibut ho provato anche l'altra faccia della medaglia, quella tutta carote, mele, lenticchie e ceci. A un certo punto il verduraio sotto casa ha cominciato a sospettare che avessi una simpatia per lui.

Poi ci sono i regimi alimentari basati sull'incoraggiamento, sul supporto psicologico, sull'idea che dentro di te, nascosto da qualche parte, ci sia un superpotere che ti permetterà di sconfiggere la fame. E se non riesci a digiunare per te stessa, fallo almeno per il dietologo che crede in te, come quel Pasolini nutrizionista che voleva curarmi con un: «France', io credo in te», come se non deluderlo fosse un anelito più forte di qualsiasi voglia di pasta.

Ho una grande esperienza in fatto di diete. A partire da quel giorno in cui mio padre m'ha portata da quel suo amico dietologo per dire: «Guarda un po', ma a te sembra normale?»

Le diete mi hanno fatto compagnia, mi hanno lusingata e promesso futuri migliori. Mi hanno fatto credere che la felicità sarebbe arrivata, come se ogni problema potesse risolversi con due taglie in meno, e vissero per sempre felici e contenti.

Tanto che in radio mi prendevano in giro: «Oggi che dieta fai?»

Perché non volevo far torto ad alcun regime alimentare, non volevo offendere nessun esperto, escludendolo. No, ci mancherebbe: ero pronta a provarle tutte, vittima di un malinteso che mi portava a concludere che l'errore fosse nella dieta, non nel caos che regnava dentro di me e si riverberava sull'alimentazione. Perché andava così: finivo la dieta e ogni volta mi riavvicinavo al punto di partenza. E allora via, con una nuova lista di cibi «sì» e «no».

Comunque, il problema era dopo, perché durante ero anche brava. Io e le diete abbiamo sempre avuto un ottimo rapporto, davvero. Facevo quel che mi dicevano e ottenevo i risultati.

Solo che ogni volta arrivava il terribile giorno in cui mi rendevo conto di non avere più fame. All'improvviso, inaspettata, ecco una sensazione strana che mi spingeva a pensare: Grazie, a posto così. Allora posavo la forchetta, anche se magari avrei potuto mangiare qualche altra fetta di bresaola. Ma io non la volevo.

A forza di lottare contro la fame, vincevo la battaglia. Il mio corpo si abituava a non aver bisogno di cibo, lo stomaco si chiudeva. Il desiderio di mangiare lasciava però il posto al panico della morte, quello che avevo conosciuto da ragazzina, con l'anoressia. Tornavo ai diciassette anni, quando mi scaldavo le ossa sotto la coperta benché fosse ormai estate.

Allora salutavo la dieta – grazie, è stato bello – e ricominciavo a mangiare per dimostrare a me stessa che non ci stavo ricascando.

Quindi, dietro i miei caos alimentari c'era anche la paura. Anzi le paure, al plurale (e non è necessario analizzarle qui...).

Tutti abbiamo paura, è normale. Siamo esseri umani. Personalmente, con gli anni e l'esperienza ho capito che rimuginarci sopra non serve a nulla e la scelta più saggia sarebbe non ingigantire lo spazio che già occupano dentro di me.

Rispetto le mie paure, ma non posso permettere

che si arroghino il ruolo di timoniere della mia vita. È come in *It* di Stephen King: se smetti di crederci, loro scompaiono. Solo che io per troppi anni sono stata seduta a tavola ad ascoltare quello che avevano da dirmi.

L’uomo giusto

Non so se avete presente le valanghe. Io in verità no, perché non ne ho mai vista una di persona, però c'è questa leggenda per cui le più imponenti valanghe possono iniziare da un piccolo quantitativo di neve. La mia palla di neve è stata quella famosa frase di Marco, il mio attuale compagno: «Ma perché non inizi a mangiare bene, invece di svuotare il frigo a mezzanotte?»

Lui è il mio agente di cambiamento, il nord della mia bussola.

E se ripenso a come ci siamo conosciuti, quasi mi scappa da ridere, perché tutto è iniziato con una reazione a una story.

Mark Zucky, tutto merito suo e dei suoi pollici alzati.

Il 1° aprile i colleghi in radio mi hanno organizzato uno scherzo, facendomi credere di aver venduto la mia bicicletta on line. Poiché era esattamente il genere di trovata che avrebbero potuto architettare, ci ho creduto. Ma diamine, la mia bici! Allora ho pubblicato un appello su Instagram: chiunque l'abbia comprata, me la restituisca. Era stato uno scherzo divertente, però le mie due ruote dovevano tornare a casa.

E un tale Marco mi ha risposto: «Non preoccuparti, l'hanno venduta a me: è al sicuro».

Io ho replicato con una sfilza di facce sorridenti, poi ho dato un'occhiata al suo profilo.

E l'ho visto: bello, bellissimo. Mi ricorda qualcuno, ho pensato. Poi ho letto le righe sotto la foto: «Sosia di Johnny Depp».

Ah, ecco, mi sono detta.

Tra tutti i metaforici biglietti da visita possibili con cui presentarsi al mondo, certamente quello scelto da Marco tendeva a farsi notare.

Bello, sì. Ma dev'essere uno che non ha una personalità sua, ho pensato. Povero Marco, costretto a scrivere: «Sì, assomiglio a Johnny Depp». Il Johnny dei bei tempi, quando ancora non c'erano le accuse di violenze domestiche e di catastrofe economica a impensierirlo, prima che si desse ai vizi e allo shopping di atolli e isole.

Alla centesima volta che te lo dicono – «Ehi, sai a chi assomigli?» –, ti stufi e metti le mani avanti. «Ciao, sono Marco, sosia di Johnny Depp.»

In verità, Marco di personalità ne ha in abbondanza. È un uomo d'altri tempi, con un equilibrio interiore molto forte e valori ben chiari. E questo ho cominciato a capirlo presto. Dopo quel DM, per tre giorni abbiamo chiacchierato. Lì, sulla chat di Instagram.

Al quarto giorno ho capito che non potevo più resistere. Ho finito di condurre il programma in radio e sono corsa in uno studio vuoto, spinta da un fuoco che non sapevo più contenere. L'ho videochiamato – erano le 19.02, lo ricordo perfettamente – e gli ho detto la verità guardandolo negli occhi attraverso la telecamera: «Ho bisogno di vederti, non ce la faccio più senza di te».

È stato l'ennesimo impulso da bulimica in una vita dominata dall'istinto, quello che mi ha però portata nella direzione giusta, verso l'uscita con il maniglione antipanico.

Lui mi ha ascoltata, serissimo. «*Me stai a pijà p'er culo?*» ha chiesto poi.

«No, no, assolutamente no», l'ho rassicurato. «Provo qualcosa, sento le farfalle nello stomaco, e non intendo la pasta.»

Insomma, ero innamorata. Di uno che non avevo neppure mai incontrato.

«Ho bisogno di vederti, di parlarti, perché sto male.»

«*Tu me stai a pijà p'er culo*», ha insistito Marco, sospettoso.

«Incontriamoci e vedrai che non è così.»

Mi ha attaccato il telefono in faccia, convinto fosse uno scherzo.

Invece lui era tutto ciò che volevo, davvero. Mi

piaceva ogni cosa di Marco: trentacinquenne, con un figlio, sensibile, speciale, un po' magico. Magia è quando penso una cosa e lui la capisce senza bisogno che io ne parli. Con Marco era così. Quindi non lo stavo affatto *pijando p'er culo.*

Tutto in me urlava: «È lui».

Avevo trovato quel che volevo. Avevo fatto pace con Dio.

Ma torniamo al giorno della videochiamata e del «*Me stai a pijà p'er culo?*» Alle otto e mezza di una freddissima sera di aprile, Marco è venuto a prendermi agli studi. Indossava un giaccone di pelle nera e un cappello, era bellissimo. Sì, somigliava a Johnny Depp, ma io non ci ho fatto caso. Ho sentito il suo profumo, visto il suo sorriso e il cielo terso dietro.

Ha battuto le mani e ha detto: «Che scemi che siamo».

E io, disperata – perché chi ama è sempre almeno un po' disperato –, mi sentivo come i cerbiatti che fissano i fari e sanno che l'auto sta per centrarli: non capivo più niente. «Portami al mare», ho detto.

«*'Namo.*»

Siamo saliti in macchina, lui guidava in silenzio, senza fare alcuno sforzo di intavolare una discussione. Del resto, aveva accanto una sconosciuta che gli aveva appena chiesto di andare al mare: su di me aveva solo informazioni frammentarie e difficili da ricomporre.

Io ero nervosissima, continuavo a cambiare stazione radio perché non riuscivo a tenere ferme le mani, poi ho cominciato a cantare per rompere il silenzio. Ho cantato di tutto, giuro, da Vasco Rossi a Mina.

Arrivati al mare, lui ha accostato e abbiamo iniziato a parlare, come un fiume in piena. A parlare e ascoltare, cosa che sembra banalissima e invece non lo è affatto. Solo quello, nessun bacio. Tra me e Marco non ci sono state che parole fino al giorno in cui l'altro, l'ex, ha raccolto le sue cose ed è andato via di casa.

Allora io e Marco ci siamo trovati.

Il nostro primo vero appuntamento è stato indimenticabile. Avevo appena finito di registrare *Amici* e lui mi ha scritto: «Sono venuto a prenderti. Sbrigati, che scatta il coprifuoco!» Quel genere di sorpresa che scioglie il cuore.

Mi sono cambiata al volo per raggiungerlo subito fuori dagli studi, poi mi sono messa a correre verso la strada, con il cuore in subbuglio, impaziente di vederlo, di abbracciarlo, di respirare il suo profumo.

Mi ha intercettata l'autista che avrebbe dovuto accompagnarmi a casa, chiedendomi se fosse tutto a posto.

«Oggi non ho bisogno di nulla», gli ho risposto. «Ho già tutto, grazie.»

Ho raggiunto l'auto nera parcheggiata poco lontano

dall'ingresso, ho aperto la portiera, mi sono seduta e mi sono voltata con un sorriso. Di fronte a me c'era uno sconosciuto.

«E tu chi sei?»

«Chi sei tu?» mi fa quello.

«Oddio, ho sbagliato macchina!» ho esclamato.

Marco era andato davanti ad altri studi, quindi sono balzata fuori e sono tornata di corsa dall'autista, quello che in teoria era lì per me. «Purtroppo ho avuto un problema e ho bisogno di lei», ho detto.

Lavorando per il mondo della televisione deve averne viste ben di peggio, perché non si è scomposto minimamente. «Andiamo», ha risposto.

Mi ha accompagnata da Marco per tempo, prima del coprifuoco. E... sorpresa! Ad aspettarmi c'era un hamburger ancora miracolosamente caldo.

Quella è stata la nostra prima cena, un panino mangiato in macchina. Questo è il mio uomo, ho pensato. Quello che si presenta con un hamburger in mano alla fine di un giorno impegnativo, sorridendo senza domandarmi nulla di Maria De Filippi ma informandosi su com'è andata la giornata. Un gesto di infinita dolcezza.

Marco è così, spirituale. È costruzione, amore, ascolto, sincerità e verità.

* * *

La nostra storia è un percorso di impegno reciproco, non è solo hamburger mangiati in macchina: abbiamo lavorato entrambi per ascoltarci e smussare i nostri angoli. Ci siamo aggiustati a vicenda, ci siamo evoluti. E qualche volta siamo caduti, rischiando di rimettere tutto in discussione.

Quel settembre in cui sono finita dalla nutrizionista decisa a rimettere ordine nella mia vita è stato duro, perché coincideva con una rottura tra me e Marco.

Lui, che mi aveva sbloccato pensieri e intenzioni, nel frattempo non era più esattamente il mio fidanzato. Ci eravamo allontanati proprio in quel momento, e probabilmente è stata anche quella sofferenza a convincermi a fare qualcosa, a darmi una mossa, a evolvere ancora.

Il percorso delle mie emozioni si intreccia con quello del mio rapporto con il cibo.

Appena dopo aver deciso quel drastico: «Prendiamoci una pausa», ho smesso di mangiare. Zero proprio.

Mi prendo sempre del tempo per disperarmi e vivere totalmente il dolore. Poi mi alzo, risorgo e ricomincio da me. La rottura con Marco mi ha risvegliato dentro un disagio enorme, mi è sembrato di risentire le perdite della mia vita, tutte insieme. Sarei potuta andare in pezzi, invece non è successo. Ho reagito nella maniera giusta, ricominciando a mangiare e pensando solo a me stessa e al mio bene. Non potevo permettermi di fare diversamente. Avevo avuto un Rino Tumo, avevo un lavoro importante, dovevo rimanere in me, centrata.

Se ce l'ho fatta è stato anche merito di Marco. Quel che mi aveva dato prima che ci lasciassimo mi ha aiutata ad andare avanti anche senza di lui. La sua influenza benefica è rimasta nonostante la rottura: ho fatto la scelta giusta.

Non siamo rimasti separati a lungo, comunque. Siamo come il cacio e il guanciale.

Il tempo di fare pace con noi stessi e ci siamo cercati di nuovo. Gliel'ho raccontato subito: «Vado dalla nutrizionista, mi sono iscritta in palestra». E poi l'ho rassicurato: «Lo faccio per me stessa, eh!»

Non puoi tenere lontano il cacio dal guanciale. Quando siamo tornati insieme ero pronta e la mia vita aveva iniziato ad assumere una forma più ordinata.

Adesso abbiamo una nostra routine, ma non lasciamo che ci ingabbi. Ci sono giorni che trascorriamo insieme; se però capita qualche imprevisto, va bene ugualmente.

Sto imparando a essere libera, perché non è più lui il responsabile della mia felicità. Ho capito che quello tocca a me, e mi impegno ogni giorno per realizzarlo.

In ogni viaggio
il percorso è più importante
dell'arrivo

Di recente sono andata a fare una visita medica, accompagnata da Marco. Si trattava di un semplice controllo, cioè la classica occasione in cui capitano eventi imprevisti. Infatti, quando stavo per andarmene, la dottoressa mi ha detto: «Mio padre è dietologo, perché non ci fai due chiacchiere?»

Era proprio nell'ambulatorio accanto, quindi perché no?

Sono entrata e mi sono trovata davanti un signore grande e grosso, con una lunga barba bianca e l'aria gentile (sì, praticamente un sosia di Babbo Natale). Abbiamo fatto una lunga chiacchierata, durante la quale mi ha fatto notare che in effetti da un po' di tempo non stavo più perdendo peso. Ero stabile, salivo sulla bilancia e il display a cristalli liquidi mi restituiva quel settantasette, fisso. Io continuavo a seguire il mio regime alimentare, ma sul lungo periodo c'è sempre qualche intoppo: le feste di Natale, la cena per il compleanno dell'amica e via dicendo. Che fai, ti cucini una fettina di pollo il 24 dicembre?

A ogni sgarro avevo due giorni di recupero con un regime proteico, tipo il campionato di calcio quando si salta una partita. L'obiettivo era puntare all'equilibrio totale: per una carbonara, due pasti di bresaola, fino al raggiungimento del calcolo proteico perfetto.

Ma la dieta è come l'amore, «giusto» e «sbagliato» sono termini del tutto relativi. Per esempio, c'è quello giusto al momento sbagliato, o quello sbagliato che per te è quello giusto.

Con i dietologi, come con i fidanzati, trovi quello che ti pressa, che ti ossessiona per spingerti al miglioramento, e quello che ti spiega pazientemente come vivere.

In amore, come nelle diete, ho scelto tante volte di fidarmi, mettendomi nelle mani di un uomo. È stato un percorso talvolta doloroso, che mi ha permesso però di scoprire di essere più forte di quanto pensassi e di non aver bisogno di qualcuno a guidarmi e prendere decisioni al posto mio. Alla fine è arrivato il giorno in cui ho scoperto di essere cambiata, e a quel punto ero pronta: per l'amore e per nutrirmi senza bisogno di tabelle e indicazioni di peso.

Ai settantasette chili mi aveva accompagnata la mia nutrizionista, che prendendomi per mano mi aveva guidata attraverso la filosofia del saper mangiare.

Era stata la scelta giusta per insegnarmi a distinguere l'ordine dalla sregolatezza e allontanarmi dal disturbo alimentare. Con lei avevo perso nove chili.

Quel medico incontrato per caso – chiamiamolo Natale, per semplicità – ha insistito sul concetto di equilibrio e di alimentazione come cura. Me l'ha spiegato in rima, come fosse una poesia, illustrandomi le meraviglie della dieta mediterranea e le particolarità di quella proteica.

Poi ha controllato a che punto fossi. Bilancia, peso, misure varie: «Qui ci sarebbero altri sette chili, che non stai perdendo», ha concluso.

Sette chili sono una cassa d'acqua, per dire. Un cane di medie dimensioni, uno pneumatico di un'automobile.

Ma dove li avevo, esattamente?

Per un attimo mi sono detta: Ecco, allora quello che ho fatto finora non è servito a nulla. È stato inutile, ho ancora chili di grasso che non dovrebbero esserci. Perché un istante di autocommiserazione ci sta.

Invece no, non era così, era più complicato. Il dottore mi ha spiegato che la percentuale di grasso era bassa e mi ha confermato che stavo mangiando bene.

Ora, qualcuno si starà domandando da dove arrivano esattamente quei sette chili. Perché non sei, o otto? Chi ha deciso che dovevo pesarne settanta?

No, non è stato Natale.

C'è un calcolo che fa riferimento a uno standard.

Non è legge, non l'ha dettata Dio a Mosè sul monte Sinai, ma serve a darti una prospettiva.

Con complicati processi che non staremo qui a ripercorrere, per ciascuno di noi viene individuato un peso «nella norma», definito da un intervallo. Se sei al di sotto sei sottopeso, se sei al di sopra sei sovrappeso. Salendo ancora si sfiora la leggera obesità, che diventa grave se i chili aumentano ulteriormente.

Il mio obiettivo era allontanarmi dall'area del sovrappeso. Da smaltire – questo mi ha detto il medico – non avevo molto. Addosso avevo massa magra, massa grassa e ritenzione idrica, soprattutto quella.

Avevo tanta acqua intrappolata nei tessuti che avrei potuto fermare la desertificazione del pianeta. Quindi ho cambiato dieta e accanto all'alimentazione ho cominciato anche un interessante trattamento, che chiamo confidenzialmente «trapanatura delle chiappe», consistente nel passaggio di un rullo che lavora sull'adipe e riattiva la circolazione. A massima potenza non è affatto un'operazione gradevole, se qualcuno ne dubitasse.

Ovviamente la trapanatura delle chiappe va abbinata a un buon regime alimentare e all'attività sportiva, perché da sola non basta. E io di movimento ne faccio, così come continuo a mangiare seguendo i consigli di Natale, che mi ha presa in cura.

* * *

In ogni caso, di errori ne capitano.

La sera che tornavo da Torino per lavoro e ho fatto incetta di schifezze, per esempio. Prima non avevo trovato nulla di quello che avrei potuto mangiare, poi causa Covid sul treno non c'era il servizio ristorante; arrivata a Roma ed entrata in un bar, ho visto un'ampia offerta di classico cibo spazzatura.

Ho cenato con cioccolato e patatine, poi, sentendomi tremendamente colpevole, ho scritto alla mia dietologa – ai tempi Natale non c'era ancora – per raccontarle quello che avevo appena fatto.

«I sensi di colpa non hanno senso, stai facendo un percorso dove sbagliare è normale. Non perdere il controllo. Se ora ti fermi, hai vinto. Un tempo avresti detto: 'Ho sbagliato, tutto è perduto' e avresti continuato a mangiare. Oggi invece hai capito e sai fermarti.»

Ho posato la terza barretta di cioccolato, l'ho guardata e ho recuperato il controllo. Con delicatezza, le ho detto la verità: «Non ti mangerò, mi spiace. Ma non sei tu, sono io».

Ora mi restano tre chili da perdere e l'obiettivo di mantenere il peso forma. Più in generale, di fare pace con il cibo e prendermi cura del mio corpo. Di essere felice, anche.

So che è un lungo cammino e che forse non arriverà mai il momento in cui mi fermerò e dirò: «Ecco, è fatta».

Il disturbo alimentare è insidioso, una volta sperimentato è difficile lasciarselo alle spalle definitivamente. Riconosco il problema anche dove probabilmente non esiste, come quando le mie cagnoline Cleopatra e Ornellavanoni abbaiano agitate se altri cani mangiano in televisione e io sollevo le sopracciglia, pensando: *Tu quoque?*

Possibile che persino loro lo vivano male?

Forse sono io che vedo quello che non esiste, se non nella mia testa.

Se anche così fosse, oggi davanti allo specchio ho una me stessa impegnata ad affrontare un percorso. E comunque vada, sarà un successo.

Lo sto facendo perché sento una nuova pace dentro e la voglio anche fuori, nel corpo.

Certificato PEFC

Questo prodotto è realizzato con materia prima da foreste gestite in maniera sostenibile e da fonti controllate

PEFC

PEFC/18-31-226

www.pefc.it

Sperling & Kupfer usa carta certificata PEFC
che garantisce la gestione sostenibile delle risorse forestali

Finito di stampare presso Grafica Veneta S.p.A.
Via Malcanton, 2 – Trebaseleghe (PD)
Printed in Italy